KB235016

26세, 100억 부자 · 2

영업왕 최고의 세일즈 일기

26세, 100억 부자 · 2

영업왕 최고의 세일즈 일기

심현수 지음

세종미디어

영업왕은 저절로 얻어지는 행운의 타이틀이 아니다. 지속적이며 강도 높은 노력의 산물이다. 하지만 무조건 노력만 한다고 해서 되는 일은 아니다. 그 전에 반드시 알아두어야 할 것이 있다. 바로 '제대로 된 영업방식'이다.

이 책은 고객이 먼저 상담을 요청하고, 고객 스스로 구매를 신청하는, '단 한 번의 거절도 없이 판매할 수 있다.'는 심현수식 영업비법을 소설과 강의가 결합된 독특한 형식을 통해 재미있고, 알기 쉽게 전하고 있다.

현재 자신의 영업실적이 만족스럽지 못하다면, 영업에 도움이 되는 구체적이고 실질적인 방법을 찾지 못했다면, 반드시 이 책을 읽어보길 권한다.

– 이광연 건강식품 영업, 개인 소매매출 월 2000세트

똑똑한 우리나라 사람들이 10년, 20년에 걸쳐 시간과 돈을 아낌없이 투자하는 것이 있다. 바로 '영어' 공부다. 그래서 좋은 결과를 얻었다면 다행이지만 대부분은 영어를 완벽하게 익히지 못하고 '도전-포기-재도전'의 과정을 되풀이한다. 그동안 들인 시간과 노력과 비용을 감안해 보면 참으로 안타까운 일이 아닐 수 없다. 만약 제대로 된 '영어'의 정석을 알게 되어 1년 안에 '영어'를 마스터할 수 있다면 얼마나 많은 시간과 노력, 비용이 줄어들겠는가.

'영업'도 마찬가지다. 들인 시간과 노력, 비용과 그로 인해 얻어지는 성과가 정비례하지 않는 것이 현실이다. (사)한국영업인협회 홈페이지에 들어가면 볼 수 있는 수많은 성공사례가 그것을 뒷받침하고 있다. 나 역시 실제로 책에서 언급된 멘토 포지셔닝에 집중한 결과 TV와 라디오 프로그램에 경제전문가로 출연 중이고, 경제신문에 칼럼을 연재하고 있다.

『26세, 100억 부자』 1편에 이어 2편에 공개되는 '영업'의 정석과 비법들은 혼자 보기 아깝고 같이 보기엔 더 아깝다. 나는 감히 이렇게 말할 수 있다. 이제 세상의 영업인들은 둘로 구분된다고. 『26세, 100억 부자』 시리즈를 읽은 영업인과 읽지 않은 영업인으로.

– 신태순 보험사 팀장, 칼럼니스트, 현재 TV 및 라디오 프로그램에 고정 출연

지식에는 두 가지가 있다. 하나는 생각과 연구를 통해 얻는 지식이고, 다른 하나는 그렇게 얻은 지식을 실전에 적용해 보고 그 결과를 통해 얻는 지식이다. 영업에 필요한 것은 바로 이 실전 지식이다. 영업 관련 교육을 듣거나 관련 책을 읽어보면 동기부여를 받고 열심히만 하면 영업을 잘할 수 있다는 내용이 나온다.

물론 과거에는 그랬을지 모른다. 하지만 지금은 아니다. 주변을 둘러보면 열심히 하는 사람이 너무나도 많지만 그중에 좋은 결과를 얻는 사람은 너무나도 적다.

왜일까? 지금은 '열심히'와 '열정'만으로 성공할 수 있는 시대가 아니기 때문이다. 그렇다면 무엇이 필요할까? 바로 지금 시대에 맞는 영업방법이다.

심현수 회장은 수많은 영업경험을 토대로 남들이 부러워할 결과를 스스로 만들어 낸 실전 영업 전문가라 할 수 있다. 그가 직접 쓴 『26세, 100억 부자』 시리즈에는 빤한 동기부여나 저자 자신의 성공담이 담겨 있지 않다. 영업을 잘할 수 있는 방법을 제시하고, 어떻게 하면 영업현장에서 활용할 수 있는지에 대해서 구체적인 사례를 들어 전하고 있다.

나는 꿈을 이루기 위해 노력하는 모든 영업인에게 말하고 싶다.

"영업성공의 길을 걷기 위해서는 이 책에 담긴 영업비법을 반드시 자신의 것으로 만들어야 합니다. 파이팅!!"

– 황준석 연금형부동산연구소 소장,
『답 없는 월급쟁이 닥치고 나처럼 해! 수익형, 연금형 부동산이 답이다』 저자

20대가 시작되면서 내가 멘토로 삼은 분이 있다. 바로 심현수 회장님이다.

내가 심현수 회장님에게 배운 건 단순했다. 도전하고, 분석하고, 배우고, 그래서 다시 도전하는 것이었다.

처음 영업을 시작했을 때 선배들은 나에게 들이대라는 말을 많이 했다. 그들의 말대로 무턱대고 들이대 봤지만 성과는 오르지 않았다. 오히려 영업에 대한 두려움만 생겼고, 단기 알바생처럼 자주 직장을 옮기게 되었다. 거절이란 단어에 익숙해지면서 패배감에 사로잡혀 나도 모르게 다니던 직장을 뛰쳐나왔던 것 같다.

그러다 심현수 회장님을 만났고, 거절을 당하는 건 행동의 변화가 없었기 때문이라는 것과 들이대는 것보다 분석과 배움이 더 중요하다는 사실을 알았다. 나는 들이대고, 거절당하고, 거절의 이유를 분석하고, 배우면서 성장해 나갔다. 실적도 쑥쑥 오르면서 지금은 내 사업이라는 생각으로 즐겁게 영업을 하고 있다. 요가 강사가 수강생의 몸을 잡아주며 올바른 동작을 가르치는 것처럼 심현수 회장님이 가까운 곳에서 나를 지켜보며 내 행동을 바로잡아 준 덕분이다. 내가 그랬듯이 많은 영업인들이 이 책을 읽고 들이대는 방식에서 벗어나 영업의 참 재미를 느꼈으면 좋겠다.

> – 김기현 네이버 키워드 광고 영업, 소설 속 수강생 김기현의 실제 모델

말을 잘한다고 영업을 잘하는 것인가?

영업이란 열정인가?

열심히 한다고 해서 원하는 것을 얻을 수 있는가?

위와 같은 고민을 하고 있는 영업인들이 적지 않을 것이다. 이 책은 물론 그러한 고민을 말끔히 해결해 줄 수 없을지도 모른다. 무엇인가 알았다고 해서 잘하게 되고, 고민이 해결되거나 인생이 바뀌는 마법 같은 일은 일어나지 않기 때문이다. 하지만 원하는 집에 들어가기 위해 문을 열고 싶다면, 사과를 따기 위해 나무에 올라

가고 싶다면 이 책은 누군가에게는 문을 여는 열쇠가 되어줄 것이고, 나무에 올라가는 사다리가 되어줄 것이다.

아는 것도 중요하지만 그보다 더 중요한 것은 실천이다. 이 책을 읽고 새로운 영업 방법을 알게 되었다면 반드시 실천에 옮기기 바란다.

– 노태경 (주)와글웨이 대표이사, 20대 청년 기업가

김고난의 이야기를 읽어 내려가다 보면 5년 전 심현수 회장님을 만나기 전 내 모습이 떠오른다. 얼마나 바닥을 기고 또 기었던지. 정말 사업은 열심히만 한다고 해서 되는 영역이 아니라는 것을 실감했다. 만약 그때 심 회장님을 만나 그분의 노하우를 듣지 못했다면 지금의 자라다 미술은 없을 것이다. 지금은 마치 내 자신이 김고난에서 최고가 된 것 같다.

이 책은 자칫 딱딱해지기 쉬운 내용을 주인공 최고를 통해 재미나게 풀어나가 술술 읽힌다. 강의 부분도 소설 내용을 토대로 하고 있어 쉽게 이해할 수 있고, 공감이 간다. 이 책이 5년 전에 나왔다면 실패를 한 번은 더 줄일 수 있었을 거라는 생각이 든다.

영업사원뿐만 아니라 힘들게 사업을 하고 있는 분들, 이제 막 사업을 시작하려는 예비 창업자에게도 필요한 책이다. 사업에 있어 아이템 개발보다 훨씬 더 중요한 부분이 바로 판매이기 때문이다. 상품만 좋다면 저절로 팔릴 거라고 생각하는 사업가들을 종종 보는데 그것은 착각일 뿐이다. 이 같은 착각에 사로잡혀 있는 사업가들, 특히 남의 말을 잘 듣지 않는 고집 센 청년 창업가들에게 이 책의 일독을 권한다.

– 최민준 자라다 남아미술연구소
(수강 신청하려면 반 년 이상 대기해야 하는 미술학원) 소장

차례

I

대통령께서 보고 싶어 하십니다

최고는 옷을 갈아입고 샌드위치로 배를 채운 후 책상 앞에 앉았다. 그리고 조심스럽게 일기장 세 권을 꺼냈다. 두 권은 최고의 고조할아버님과 아버님이 남기신 일기장이었고, 다른 한 권은 최고가 지난 3년 동안 시간 날 때마다 쓴 일기장이었다.

대통령 비서실장으로부터 전화가 걸려온 것은 금요일 늦은 오후였다. 그때 최고는 강의실에서 신입 딜러들에게 영업 노하우를 전수하고 있었다.

"무슨 일이죠?"

최고는 조심스럽게 강의실 문을 노크하고 들어서는 여비서에게 물었다.

"대통령 비서실장이시라는데 대표님을 찾습니다."

여직원이 들뜬 목소리로 대답했다. 순간 신입 딜러들이 일제히 책상을 두들기며 와, 하고 함성을 내질렀다. 최고는 마치 전기에 감전된 것처럼 찌릿찌릿한 흥분이 일어나는 것을 느꼈지만 손짓으로 신입 딜러들의 입을 다물게 하고 여비서가 넘겨주는 전화기를 받았다.

"네, 전화 바꿨습니다. 최고입니다."

최고는 들끓는 감정을 누르며 애써 침착하게 말했다.

"나 대통령 비서실장 임종철입니다. 비서 분이 강의 중이라고 하시던데 갑자기 전화를 걸어 방해를 한 건 아닌지 모르겠군요."

"아닙니다. 말씀하십시오."

"바쁘실 테니 본론으로 들어가겠습니다. 대통령께서 최고 씨를 보고 싶어하십니다. 다음 주 월요일 조찬 모임에 참석해 주실 수 있겠습니까?"

"네, 당연히 참석해야지요."

최고는 시원하게 대답했다.

"실은 두 달 전쯤인가, 대통령께서 00일보에 나온 최고 씨 관련 기사를 읽고 많은 관심을 보였습니다. 그러던 차에 비서진에서 갈수록 경기 침체가 심화되고 있는 현 상황에서 남들과 차별화되는 세일즈 노하우와 끈질긴 노력으로 뛰어난 실적을 올려 여타 영업인들에게 귀감이 되고 있는 젊은 영업인 몇 분을 격려 차원에서 조찬 모임에 초청하는 것이 어떻겠느냐는 건의를 올리자 최고 씨도 불렀으면 하시더군요."

두 달 전 국내 유력 일간지 00일보 경제팀에서 기자가 찾아와 딜러 30명을 거느리고 매달 1000대 이상의 차를 판매하고 있는 자동차 판매 대리점의 수장이며 자타가 공인하는 슈퍼 딜러인 최고를 인터뷰해 기사를 실은 적이 있었다. 대통령이 본 것은 아마도 그 기사일 것이었다. 최고의 대리점에서는 국내는 물론 해외 유명 자동차 메이커의 신차 및 중고차를 판매하고 있었다.

"아, 네. 부끄럽습니다. 그리고 영광입니다."

최고는 가슴이 뿌듯해져 오는 것을 느꼈다.

"그럼 승낙하시는 걸로 알고 대통령님께 말씀드리겠습니다."

"네, 감사합니다, 비서실장님. 월요일에 뵙겠습니다."

최고가 전화를 끊자 또다시 강의실에 와, 하는 함성이 울려 퍼졌다. 최고는 천천히 전화기를 여비서에게 건네고 책상을 두들기며 소리치는 신입 딜러들을 둘러보았다. 3년 전만 해도 최고는 그들과 같은 입장이었다.

"축하드려요, 최 대표님."

여비서가 활짝 웃으며 말했다. 최고는 말없이 고개를 끄덕였다. 그러니까 이 자리에 서기까지 3년이라는 세월이 걸린 셈이었다.

그날 밤 최고는 퇴근하자마자 집에 돌아왔다. 물론 직원들은 집에 가려는 최고를 붙잡고 쉽게 놓아주지 않았다.

"어딜 가시려고요, 대표님. 그냥 가시면 저희가 섭섭하죠. 오늘 같은 날 크게 한턱내셔야 하는 거 아닙니까?"

직원들은 약속이라도 한 듯 입을 모아 말했다.

"당연히 한턱내야죠. 그런데 이거 어쩐답니까. 오늘은 제가 중요한 약속이 있어서요. 한턱은 다음에 단단히 내겠습니다. 그러니 여러분들이 저 좀 봐주십시오."

최고는 주위를 둘러싼 직원들에게 사정사정했다. 하지만 그래도 직원들은 좀처럼 물러날 낌새를 보이지 않았다.

"좋아요. 날짜를 정하죠. 다음 주 수요일 어떻습니까? 그땐 무슨 일이 있어도 반드시 여러분에게 한턱내겠습니다. 약속합니다."

최고는 아무래도 안 되겠다 싶어 손을 치켜들고 선서하는 동작을 취하며 말했다. 그러자 직원들의 얼굴에 실망하는 표정이 떠올랐다. 더는 최고를 붙잡을 명분이 없어졌기 때문이었다. 최고는 재빨리 힘이 빠진 직원들 사이를 빠져나와 차를 몰고 집으로 왔다.

'사람들도, 참.'

오피스텔 근처 편의점 앞에 차를 세운 최고는 실망하는 직원들의 표정이 떠올라 피식 웃었다. 선서하듯 약속을 잡지 않았다면 그는 아직도 직원들의 손아귀에서 풀려나지 못했을 것이었다.

최고는 편의점에서 샌드위치와 음료수를 사들고 다시 차에 올라 오피스텔 주차장으로 갔다. 주차장은 각종 차들로 가득 차 있었다. 최고는 지하 3층으로 내려가 간신히 차를 주차시키고 엘리베이터를 탔다. 처음 이사 왔을 때, 최고는 주차장에 세워진 차를 보며 다짐했었다.

'언젠가 이 오피스텔에 사는 사람들 모두에게 차를 팔고 말리라!'

그때 한 다짐은 아직 이루어지지 않았다. 그러나 아직 이루어지지 않았기에 최고는 앞으로 더 열심히 하라고 자신을 채찍질할 수 있었다.

최고는 11층에서 내려 자신의 오피스텔로 들어갔다. 스무 평 남짓한 공간에는 침대와 옷장, 냉장고, 책상, 식탁 겸해서 쓰는 탁자만이 놓여 있었다. 냉난방이 중앙식으로 되어 있어서 다른 살림살이는 없었다.

최고는 샌드위치가 들어 있는 봉투를 탁자에 내려놓고 주위를 둘러보았다. 오늘따라 유난히 일찍 들어와서일까. 최고는 왠지 자신의 오피스텔이 낯설게 느껴졌다.

어쩌면 낯설게 느껴지는 것이 당연한 일인지도 모른다. 지난 3년 동안 거의 매일 저녁 늦게 들어와 잠깐 눈을 붙이고 날이 밝자마자 일터로 달려가지 않았는가.

최고는 옷을 갈아입고 샌드위치로 배를 채운 후 책상 앞에 앉았다. 그리고 조심스럽게 일기장 세 권을 꺼냈다. 두 권은 최고의 고조할아버님과 아버님이 남기신 일기장이었고, 다른 한 권은 최고가 지난 3년 동안 시간 날 때마다 쓴 일기장이었다.

최고는 3년 전 생각과는 달리 영업이 잘 되지 않아 고민하던 끝에 범어사를 찾았을 당시의 일을 떠올렸다.

…기억조차 가물가물한 어린 시절부터 절에서 함께 살아 아버지

인 줄 알았던 석정 스님이 나에게 두 권의 일기장을 내주며 말씀하셨지.

"네 아버지가 유럽 출장을 떠나기 전에 나를 찾아와서 맡긴 책들이다. 네가 스물다섯 살이 되었을 때 전해 주라고 부탁하시더구나."

친아버지에 대한 이야기를 들은 것은 그때가 처음이었어. 왜 하필 스물다섯에 일기장을 전해 주라고 하셨느냐고 묻자 석정 스님은 그것은 자신도 잘 모르겠다고 하셨지. 나는 그 이유를 지금 여기 내 눈앞에 있는 일기장을 보고 알았어.

최고는 고조할아버님이 남기신 일기장을 펼쳤다. 첫 문장은 이렇게 시작되었다.

오늘이 바로 스물다섯 살 내 생일이며, 조선영업인회에 들어온 첫 날이기도 하다.

그리고 다음 문장이 이어졌다.

이제부터 일기를 쓰는 이유는 스물다섯 살 생일과 조선영업인회에 들어온 것을 기념하기 위함도 있지만 오늘을 기점으로 달라질 내 이야기를 기록으로 남기고 싶은 마음이 크기 때문이다.

일기에는 최고수 할아버님이 스물다섯에 마팔이를 시작해 마황
馬皇이라는 별칭을 얻고, 명실공히 조선 최고의 판매 고수가 되어
고종 황제를 만나기까지의 과정이 적혀 있었어. 그날 밤을 새워 일
기를 읽고 밖으로 나오니 석정 스님이 걸어내려 오고 계셨지. 스님
에게 다가가 고조할아버님이 남기신 일기가 더 없느냐고 묻자 스님
은 다정하게 웃으며 아버님 말씀을 전해 주셨지. 할아버님께서 그
후의 일기는 후손들이 이어서 쓰라고 일부러 남기지 않으신 것 같
다는. 그때 나는 다짐했었어. 그 후의 일기는 내가 써나가겠다고!

최고는 고조할아버님의 일기장을 덮고 이번엔 자신이 쓴 일기장
을 펼쳤다. 필체가 좋은 편은 아니었지만 알아보기 힘들 정도는 아
니었다.

최고는 길게 심호흡을 하고 자신이 적어놓은 일기를 천천히 읽어
내려갔다.

단 한 번의 거절도 없이 판매할 수 있다

본 강의 노트의 동영상 강의

『26세, 100억 부자』 1편이 나온 지도 벌써 1년 하고도 석 달이 지났네요. 영업하시는 여러분에게 도움이 되셨는지 모르겠군요. 먼저 인사부터 올리겠습니다. 그동안 잘 지내셨지요? 다시 여러분을 만나게 되어 반갑습니다.

지금 시간에는 본격적인 강의에 들어가기에 앞서 1편의 내용을 간략하게 정리하도록 하겠습니다. 다소 지루하시더라도 복습한다는 기분으로 흔쾌히 들어주셨으면 합니다.

1편의 강의 1에서 제가 강조했던 내용은 영업을 잘하기 위해서는, 즉 고객이 내 물건을 잘 사게 하기 위해서는 '구매 확률이 높은 고객을 찾아내서 만나야 한다.' 는 것이었습니다. 영업에 대한 정의를 '영업인이 고객에게 물건을 파는 것' 이 아니라 '고객이 영업인에게 물건을 사는 것' 으로 바꿔본 것도 그 때문이었죠. 물건을 살 마음이 없는 사람에게는 무슨 말을 해도 잘 먹히지 않습니다. 반면에 구매 의사가 있는 사람에게 물건을 파는 것은 아주 쉬운 일입니다.

영업은 Marketing ⇒ Sales ⇒ CRM(Customer Relationship Management; 고객관계관리)의 3단계로 나뉜다는 것, 기억하고 계시죠? 내 물건을 사줄 고객을 찾는 것이 첫 번째 단계인 마케팅이고, 고객과 상담을 하는 것이 두 번째 단계인 세일즈이며, 고객을 지속적으로 관리하여 추가판매, 재판매를 하고 소개를 통한 판매가 이루어질 수 있도록 해야 하는 것이 세 번째 단계인 CRM이라는 것 말이죠. 이 세 단계가 유기적으로 결합될 때 영업이라는 큰 틀은 완성됩니다.

강의 2에서는 타깃에 대해 말했었죠. 강의 내용을 한 문장으로 요약하면 '고객이 될 만한 사람을 명확히 가려내고, 그 사람을 만나기 위해서 집중해야 한다.'는 것입니다.

그렇다면 타깃팅이란 뭘까요?

맞습니다. 고객이 될 수 있는 사람, 즉 잠재고객층을 적당히 좁혀서 정하고, 내가 갖고 있는 핵심 역량을 최대한 쏟아 붓는 것이지요. 타깃팅을 효율적으로 하기 위해서는 먼저 나와 내 상품의 특장점이 무엇이고, 어디에 있는지를 잘 알고 있어야 합니다. 이는 영업인들에게 큰 무기입니다. 경쟁 영업인들과 차별화된 영업을 할 수 있으니까요. 내가 경쟁력을 발휘할 수 있는 분야가 어디인지, 대상은 누구인지 등을 잘 파악해서 집중하시기 바랍니다. 타깃 고객이 반드시 여러분에게 사야 할 필요성과 당위성을 만든다면 제품 판매는 당연히 이루어질 겁니다.

강의 3의 주된 내용은 타깃 고객을 정하고, 고객을 만날 수 있는 포인트를 찾은 다음 각종 도구, 즉 타깃팅과 포인트에 맞는 로볼 Low Ball을 만들어야 한다는 것이었지요.

낚시터에서 낚시를 할 때 밑밥을 뿌려서 물고기가 모이게 한 후 맛있는 미끼를 바늘에 끼워서 던지지요. 로볼이란 바로 그 밑밥과 미끼와 같은 것입니다. 다시 말해 고객들이 내 홈페이지에 들어온다거나 나에게 문자를 보낸다거나 이메일을 보낸다거나 연락을 하는 등의 행동을 하도록 유도하는 것을 로볼이라고 합니다.

사실 로볼은 상담을 원활하게 진행하기 위해 사용되는 화술법입니다. 처음부터 구매를 하라고 강하게 권유하기 전에(High Ball) 상대가 받아들이기 편한 부담 없는 내용으로 천천히 시작하라는 (Low Ball) 것이지요. 그것을 제 나름대로 마케팅에 접목시켜 발전시킨 것이 지금의 로볼 마케팅 전략인데요. 요약하자면 다음과 같습니다.

1. 모든 영업에는 프로세스가 있다.

2. 각 프로세스(특히 고객 발굴)를 부드럽게 넘기기 위한 로볼이 필요하다.

프로세스에서 한 계단, 한 계단 올라가게 만드는 촉매제 역할과 프로세스라는 엔진이 보다 잘 돌아가게 하는 윤활유 역할을 동시에 하는 로볼은 정보 · 경품 · 할인 · 서비스 · 샘플 · 체험의 여섯 가지로 나눌 수 있습니다. 이 여섯 가지 로볼을 자신의 상황에 맞게 잘 기획해서 활용한다면 충분히 타깃 고객을 내 고객으로 만드실 수 있을 겁니다.

강의 4에서는 레터에 대해 말씀드렸지요. 레터란 영업 현장에서 쓰이는 텍스트와 이미지로 이루어져 있는 모든 홍보물을 말합니다. 타깃을 정하고, 포인트를 찾고, 적절한 로볼을 만들었으면 이제 레터를 만들어 배포할 차례지요.

레터는 크게 온라인 레터와 오프라인 레터로 나눌 수 있습니다. 카페 글 · 카페 상단 타이틀 · 카페 메인 화면 · 쪽지 · 이메일 · 블로그 포스팅 · 지식IN 답변 글 등을 온라인 레터라 하고, 전단물 · 명함 · 현수막 · 택배 박스 · 쇼핑백 · 영수증 · 스티커 · 각종 판촉물 등을 오프라인 레터라고 하지요.

레터를 보내는 목적은 레터를 받은 잠재고객이 문자나 전화, 이메일을 통해 나에게 연락을 하도록 만드는 것에 있습니다. 타깃 고객에게 로볼에 대한 안내를 하고, 프로세스를 진행하는 데 필요한 로볼들을 알리는 수단으로 사용되는 것이 바로 레터지요. 잠재고객에게 내가 어떤 사람인지, 어떤 로볼을 갖고 있는지 제대로 알릴 수 있는 레터, 즉 연락이 활발하게 오는 레터를 만들기 위해서는 콘셉트 · 문제 · 해결 · 로볼 · 근거 · 요청 · 반복 · 한정 등 여덟 가지 요소를 잘 활용해야 한다는 것, 기억하고 계시죠?

강의 5에서는 개입상품을 다루었지요. 친구와 약속이 있어 버스를 기다리고 있는데 10분, 20분이 지나도 오지 않을 경우 지하철을 타기 위해 이동하는 사람은 별로 없습니다. 시간이 지날수록 기다린 시간이 아까워 계속 더 기다리게 됩니다. 날씨가 춥든 덥든 말이죠. 이렇듯 투자한 것에 대한 보상심리, 다른 말로 하면 미련한 본전심보를 영업에 활용한 것이 바로 개입상품입니다.

예를 들어 강남의 한 미용실에서 하고 있는, 시간당 1만 원을 받고 손님에게 딱 맞는 맞춤 헤어스타일인 '마이 스타일'을 찾아주는 컨설팅을 우리는 개입상품이라고 하는데요. 한마디로 정의하면 '각종 로볼을 통해 확보해 놓은 잠재고객들에게 주력상품의 구매를 유도하기 위해서 판매하는 상품'을 말합니다.

강의 6의 주된 내용은 포지셔닝이었지요. 포지셔닝이란 고객이 생각하는 나, 즉 '고객이 나를 어떤 사람이라고 생각하느냐' 하는 것을 말합니다. 내가 고객들에게 어떤 존재로 포지셔닝되어 있느냐에 따라서 고객에게 미치는 나의 영향력이 달라진다는 것, 잘 알고 계시죠? 자신이 일반적인 전문가가 아니라 고객들에게 멘토로서 무언가를 배우고, 따를 만한 가치가 있는 전문가라는 인식을 심어주는 것이 바로 멘토 포지셔닝이란 것도 기억하시죠?

어떤 사람으로 알려지고 싶은지 정했다면 대외적인 활동을 통해 그 이름에 걸맞은 사람이라는 인정을 받아야 하는데, 이 모든 것은 프로세스의 일환으로 체계적으로 진행해야 한다는 것도 물론 잊지 않으셨을 겁니다.

고객들에게 내가 알고 지낼 가치가 있는 사람이라는 인정을 받기 위해서는 각종 매체를 적극적으로 활용하는 것이 좋습니다. 인터넷 블로그나 카페, SNS 활동은 기본이고, 트위터 활동이나 정보집과 정보영상 제작, 관련 봉사활동 등도 시간을 들여서 꾸준히 해나가야 합니다. 이 외에 효율적인 활동으로는 칼럼 기고, 외부 출강, 언론에 노출될 수 있는 기획을 하는 것, 캠페인을 벌여 차별화를 꾀하는 것, UCC를 통해 빠르고 쉽게 다가가는 것 등이 있습니다. 이러한 활동을 통해 수집된 DB를 체계적으로 정리해 놓고, 오프라인 소식지, 온라인 웹진 등을 보내면 보다 지속적으로 친밀한 관계를 형성할 수 있습니다.

마지막으로 강의 7에서는 잠재고객들이 스스로 나에게 먼저 상담을 요청하도록 유도하는 방법에 대해 말씀드렸지요.

앞의 강의들을 통해 배운 내용을 바탕으로 차근차근 준비해서 프로세스를 수립하고, 그에 따라 타깃과 개입상품을 설정한 후 타깃에 맞는 로볼과 레터를 만들어서 잠재고객의 DB를 꾸준히 모으고 관리하며 전문가, 권위가, 멘토로서 인정받도록 해야 한다는 것, 잊지 마십시오.

온라인이든 오프라인이든 고객들과 접촉할 수 있는 채널을 다양화하고, 고객들에게 제대로 작성된 레터가 전달될 수 있도록 해야 합니다. 그로 인해 우리가 갖고 있는 로볼을 신청하게 함으로써 DB를 확보할 수 있어야 합니다. 뿐만 아니라 나와 한 번 접촉한 고객은 각종 DB 관리시스템을 통해 계속해서 내 울타리 안에 머물게 해야 합니다.

1차 DB는 2차 DB로 올릴 수 있는 구상을, 2차 DB는 3차 DB로 올릴 수 있는 구상을 해나가고, 한 단계, 한 단계마다 발전되어 나에 대한 전문성을 인정하는 DB들이 생기면 이를 따로 관리할 수 있는 방법을 찾아서 만드십시오.

간단한 정보집을 신청했던 1차 DB가 동영상이나 전화 상담 등을 신청하는 2차 DB가 되고, 그 후 오프라인 상담을 신청하는 3차 DB가 되도록 하는 프로세스를 진행해 보면 어느 정도나 1차에서 2차로, 2차에서 3차로 올라가는지 알게 될 겁니다. 이를 토대로 전체적인 마케팅 전략을 기획하시기 바랍니다.

　자, 여기까지가 1권의 내용이었습니다. 다음부터는 본격적으로 2권에 대한 강의를 시작하겠습니다. 저는 자신 있게 말할 수 있습니다.

　　"저, 세일즈 멘토 심현수에게 배운 내용을 알차게 실행하는 당신, 단 한 번의 거절도 없이 판매할 수 있습니다!"

자동차 업계의 전설적인 인물, 최신차를 만나다

나는 일기의 내용을 내 나름대로 해석해서 당장 영업에 활용했다. 이틀 내내 인터넷을 뒤져 모은 자료를 토대로 자동차 관리방법, 나에게 필요한 자동차 제대로 고르는 법 등을 작성했고, 그러한 내용들이 담겨 있는 전단지를 만들어 사람들에게 나누어준 것이다.

오늘은 내 스스로 정한 스물다섯 내 생일이다. 그 이유는 오늘 이름을 김고난에서 김고로 바꾸었기 때문이다. 그럼 실제 내 이름은 최고난이 아니라 최고가 된다. 최고. 마음에 든다. 최고난에서 '난'이라는 한 글자만 빼면 가장 어렵고 힘든 사람에서 단번에 가장 뛰어난 사람이 되질 않는가.

물론 나는 알고 있다. 양아버님이 내게 고난高欄이라는 이름을 지어준 것은 하늘의 별처럼 빛나는 인물이 되라는 뜻이었다는 것을. 그러나 군 제대 후의 내 삶은 고달프기만 했다. 솔직히 나에게는 고난苦難의 시간이었다.

이름을 바꾼 지금, 나는 새로운 미래를 향해 힘차게 나아갈 것이다. 그것은 나에게 하는 다짐이자 나와의 약속이기도 하다.

고조할아버님의 일기장을 보니 일기를 처음 쓰신 날짜가 1879년

5월 11일이다. 따라서 128년 6개월 만에 일기를 이어 쓰는 셈이다. 고조할아버님이 적은 날짜가 음력이라 해도 나는 그렇게 여길 것이다.

범어사에 갔다 온 지도 벌써 6개월이나 지났다. 고조할아버님과 마찬가지로 나 또한 매일 매일 일기를 쓰지 못했다. 서울로 돌아온 그날 나는 집에 오자마자 근처 문방구에서 일기장부터 샀다. 그리고 집에 들어와 저녁을 먹고 책상 앞에 앉아 일기를 쓰려 했다. 하지만 어찌된 일인지 단 한 줄도 쓰지 못했다. 마치 머릿속이 텅 비어 버린 듯 아무 생각도 나질 않았다. 하고 싶은 말도, 떠오르는 이야기도 없었다.

나는 일기 쓰기를 포기하고 수첩을 꺼내 간단하게 그날의 일을 메모했다. 지금 들춰서 읽어 보니 정말 간단하다.

이게 다였다. 그래도 그때부터 거의 매일 일기 쓰듯 수첩에 그날그날의 일을 메모한 덕분에 6개월이 지난 지금 이렇게 일기를 쓸 수 있는 것이리라.

메모를 보니 김고난, 아니 최고난이라는 이름으로 살았던 당시는 그야말로 고난의 연속이었다고 해도 과언이 아니다. 고조할아버님의 일기를 읽고 무엇이든 해낼 수 있다는 자신감이 내 안에 스며들었던 것은 사실이다. 하지만 현실은 결코 만만치 않았다.

나는 일기의 내용을 내 나름대로 해석해서 당장 영업에 활용했다. 이틀 내내 인터넷을 뒤져 모은 자료를 토대로 자동차 관리방법, 나에게 필요한 자동차 제대로 고르는 법 등을 작성했고, 그러한 내용들이 담겨 있는 전단지를 만들어 사람들에게 나누어준 것이다.

열흘 동안 내가 직장인들이 많이 모이는 거리를 돌아다니며 뿌린 전단지는 모두 1만 장이 넘는다. 나는 그중에서 적어도 1000명의 사람은 연락을 해올 것이고, 연락한 사람들 중에서 적어도 100명의 사람은 나에게서 차량을 구입할 것이라 여겼다. 하지만 그것은 나만의 착각이었다. 환상이었다. 내 예상은 완전히 빗나가고 말았다. 결과는 참담하기 그지없었다. 전단지를 보고 연락을 해온 사람은 고작 다섯 명뿐이었다. 그 다섯 명이라도 모두 내 고객이 되었다면 이렇게까지 억울하지는 않을 것이다. 하지만 그들마저 약속이라도 한 듯 원하는 차의 가격만 물어보고 차갑게 전화를 끊었다. 정말 미치고 팔짝 뛸 노릇이었다.

그러던 어느 날이었다. 영업소장이 지친 몸을 이끌고 퇴근하려는 나를 불러 세웠다.

"김고난 씨 나 좀 봅시다."

나는 영업소장의 얼굴이 굳어져 있는 것을 보고 그가 무슨 말을 하려는지 눈치 챘다. 나는 도살장에 끌려가는 소처럼 터덜터덜 영업소장을 따라 회의실로 들어갔다.

"요즘 나름대로 방법을 바꿔가며 열심히 일하는 건 알겠는데, 실적이 말이 아니네."

소장은 자리에 앉아 잠시 나를 쳐다보더니 입을 열었다.

"죄송합니다, 소장님."

나는 고객을 숙이고 최대한 겸손하게 미안함을 표시했다.

"충고 하나 해도 될까?"

하지만 소장은 그런 말 할 것 없다는 듯 두 손을 내저으며 물었다.

"말씀하십시오. 경청하겠습니다."

"영업은 쉬운 게 아니야. 아무리 머리를 써서 남들과 다른 방식으로 전단지를 만들었다 해도 길거리에 서서 지나가는 사람들에게 무작정 전단지만 나눠준다고 차가 팔릴 것 같은가? 그 짓을 하면서 하는 건 나중에 해도 늦지 않고, 일단 그전에 할 건 해야지. 안 그래?"

순간 울컥하는 감정이 치밀어 올라왔다. 나는 숙였던 고개를 들고 소장을 노려보았다.

그 짓이라니? 무슨 말을 그 따위로 하는가?

"왜, 자네의 영업행위를 그 짓이라고 표현해서 섭섭한가?"

소장도 지지 않고 나를 노려보았다.

"…아, 아닙니다."

나는 슬쩍 시선을 돌리며 말했다. 어쨌거나 나는 아랫사람이었다.

"섭섭하겠지. 나도 알고 있네. 어떻게든 잘해 보려고 열심히 머리를 굴려서 나름대로 차별화된 전단지를 만들었다는 것도 알고 있고, 사람들에게 열심히 나눠줬다는 것도 알고 있네. 하지만 결과가 없지 않은가, 결과가."

소장은 답답하다는 듯 한숨을 내쉬었다.

"전단지나 명함 나눠주는 것은 기본 중의 기본이야. 영업사원이라면 누구나 다 하는 일이라는 뜻일세. 하지만 지금 자네에게 가장 필요한 방법이 뭔지 아는가? 주변의 아는 사람을 찾아가 부탁하는 거야. 친척이든 대학 선후배든 군대 동기든 여자 친구든 여자 친구의 친구든 무조건 찾아가서 부탁하는 게 제일 빨라."

"죄송하지만 소장님. 더는 찾아갈 사람이 없습니다."

"자넨 참 부정적인 사람이야. 왜 없어? 자네 부모님은 아는 사람이 한 명도 없나? 삼촌은? 숙모는? 지인들에게 아는 사람을 소개시켜 달라고 하면 기본은 할 텐데 그 일을 왜 못 하나? 쪽팔려서? 쪽팔린다고 생각하면 더는 이 일 못 해. 때려치워야지."

그 후에도 소장은 잔소리는 계속되었다. 하지만 나는 귀를 닫아걸고 듣지 않았다. 표현만 달랐지 말하고자 하는 요지는 지인을 찾아가 차 살 사람을 소개시켜 달라고 부탁하라는 것이었기 때문이다.

"…이 정도 했으면 알아들었으리라 믿겠네. 피곤할 테니 그만 들어가 보게."

"네, 소장님. 내일 뵙겠습니다."

나는 일어서서 소장에게 꾸벅 인사를 하고 영업소를 나왔다.

그것이 시작이었다. 소장은 매일 저녁 퇴근하려는 나를 불러 앉혀 놓고 같은 이야기를 되풀이했다.

"지인을 찾아가서 차 살 사람을 소개시켜 달라고 부탁하라니까 왜 안 하나?"

소장은 지치지도 않고 끈질기게 나를 졸라댔다. 하도 많이 들어서 이제 그 말만 들으면 속에서 신물이 올라올 지경이었다.

그렇게 일주일이 지나고 새로운 한 주가 시작되었다. 하지만 나는 새로운 한 주 역시 차 한 대 팔지 못했다. 당연히 소장의 잔소리는 줄기차게 계속되었고, 나는 매일 그 소리를 들어야 했다. 그다음 주의 상황 또한 마찬가지였다. 변화는 일어나지 않았다. 미친 듯이 길거리를 돌아다니며 전단지를 뿌려댔지만 연락을 해오는 사람은 극히 드물었다.

"제발 한 대만 팔게 해주세요! 제발 단 한 대만이라도 팔게 해주세요, 하느님!"

초초해진 나는 매일 밤 교회를 찾아가 하느님에게 기도를 올렸다. 소장의 입을 잠시 동안만이라도 막으려면 단 한 대라도 차를 팔아야 했기 때문이다.

그러나 하느님은 내 간절한 소원을 들어주지 않으셨다. 결국 나는 한 달 내내 차를 팔지 못했다. 지난달에 이어 또다시 빵차. 그러자 소장은 말할 것도 없고 나를 대하는 선배들의 태도마저 냉랭해졌다. 나를 바라보는 그들의 눈빛에는 한심함이 엿보였다.

꼴찌!

태어나서 처음 해보는 꼴찌를 넉 달 연거푸 한 것이었다. 창피했다. 부끄러웠다.

소장은 영업사원을 모두 모아놓고 말했다.

"이번 달에는 우리 영업소에서 전국 1등과 전국 꼬래비가 동시에 나왔네요. 전국 1등은 우리 영업소의 자랑인 이충현 대리가 차지했습니다. 무려 42대라는 경이적인 실적을 올렸네요. 전원 박수!"

소장의 말이 끝나자 와, 하는 함성과 함께 천둥 치듯 요란한 박수 소리가 터져 나왔다.

"꼴찌는 아시다시피 김고난 씨가 차지했습니다. 넉 달 연속 실적 제로. 경이로운 기록이지요. 모두들 꼴찌에게 갈채를!"

소장은 박수 소리가 잦아들기를 기다려 비웃음이 가득 담은 말을 날렸다. 순간 우, 하는 야유가 사람들의 입에서 새어 나왔다. 나는 더는 참을 수가 없었다. 그깟 차 한 대 팔지 못했다고 나를 무시하고 경멸하고 비웃는 소장과 동료들이 미웠다.

"좋습니다. 모두들 제가 그만두기를 바라시는 것 같은데 뜻대로 해드리죠. 잘들 계십시오. 몸 건강히 오래들 사시고요. 하긴 소장님은 누가 뭐라고 해도 오래오래 사실 거예요. 소장님, 사표는 내일 속달 등기로 보내겠습니다. 안녕히 계세요."

나는 속사포처럼 말을 내뱉고 부랴부랴 짐을 챙겨 영업소를 나왔다. 나는 충분히 느끼고 있었다. 사람들의 시선이 내 뒤통수에 똥파리처럼 달라붙어 좀처럼 떨어질 줄 모른다는 것을.

다음 날 나는 우체국에 가서 소장 앞으로 사표가 들어 있는 봉투를 보내고 집으로 돌아왔다. 거의 매일 소란스러운 길거리를 돌아다니다 갑자기 조용한 방 안에 들어앉아 있으니 기분이 이상했다. 누군가에게 망치 같은 것으로 세게 머리를 얻어맞은 것처럼 멍했다. 아무런 생각도 할 수 없었다.

나는 패배자일까. 낙오자일까.

그 말만 머릿속을 맴돌 뿐이었다.

나는 하루 종일 침대에 누워 있었다. 아침도 먹지 않았고, 점심도 먹지 않았고, 저녁도 먹지 않았다. 입맛도 없었고, 배도 고프지 않았다.

그러다 새벽이 가까워 올 무렵 느닷없이 허기가 찾아들었다. 마치 기습처럼. 나는 벌떡 일어나 라면을 끓여 먹었다. 하나로 모자라 하나를 더 끓여 먹었다. 다 먹고 나니 눈물이 한 방울, 두 방울 떨어져 내렸다. 나는 설거지를 하고 다시 침대에 누웠다. 허기는 가셨지만 기분은 더 나빠졌다.

그렇게 며칠을 보냈다. 졸리면 잤고, 몸이 가려우면 샤워를 했고, 배가 고프면 라면을 끓여 먹었다.

나를 마치 죽음 같은 시간, 관 속 같은 집에서 끄집어낸 것은 두 달 전 영업소를 그만둔 오정식 과장이었다.

"뭐 하나, 김 군."

오 과장은 내가 전화를 받자마자 대뜸 물었다.

"그냥 집에 있습니다."

"얘기 다 들었네, 김 군. 뭐라도 해야지, 김 군."

"그래야죠, 오 과장님."

나는 오 과장의 말투를 흉내 내서 퉁명스럽게 말했다. 마치 나를 놀리는 것 같은 오 과장의 말투가 싫었다.

"나오게, 김 군."

"싫습니다, 오 과장님."

"나와서 내 일 좀 돕게나, 김 군."

"싫다니까요, 오 과장님. …잠깐만요. 방금 일 좀 도와달라고 하셨나요?"

“그랬지, 김 군.”

“일이라니, 무슨 일이죠?”

“나 영업소 나와서 중고차 딜러하고 있다네, 김 군. 빨리 장안평으로 튀어오게.”

“알겠습니다, 과장님. 총알같이 튀어가겠습니다.”

“너무 서두르진 말게나, 김 군. 그러다 다치면 곤란하거든 김 군.”

“그럴 리가요, 과장님. 전화 끊습니다.”

나는 휴대전화 종료 버튼을 누르고 서둘러 옷을 갈아입었다. 그때까지만 해도 나는 몰랐다. 중고차도 새 차만큼이나 팔아먹기 힘들다는 사실을.

집을 나온 나는 연식이 10년 넘은 프라이드를 몰고 장안평으로 달려가 오 과장을 만났다. 오 과장의 얼굴 표정은 다행히 영업소에 있을 때보다 밝았고, 여유가 있어 보였다.

“반갑네, 김 군.”

“반갑습니다, 과장님.”

나는 오 과장이 내미는 오른손을 두 손으로 꼭 붙잡았다.

“너무 꽉 쥐지 말게나, 김 군. 손 아프다네.”

“아, 네. 미안합니다. 과장님.”

“미안할 것까진 없고, 김 군. 나를 따라오게나.”

“네, 과장님.”

오 과장은 자신이 팔아야 할 차들이 있는 곳으로 나를 데려가 이런저런 설명을 해주었다. 나는 메모지를 꺼내 들고 오 과장이 알려주는, 매매단지 안에 늘어서 있는 차들의 종류와 연식, 특장점, 가격 등을 받아 적었다.

"내 말 알겠지, 김 군. 고급 세단이든 소형차든 간에 차를 팔 때 돈을 많이 받으면 받을수록 수당도 높아진다는 점, 꼭 명심하게나, 김 군."

"예, 과장님. 명심하겠습니다."

"잘해 보게나, 김 군."

"예. 열심히 하겠습니다."

나는 오 과장에게 거수경례를 올리고 씩씩하게 다시 현장으로 나갔다. 비록 새 차는 못 팔았지만 중고차는 팔 자신이 있었다. 겉으로 보기에는 새 차와 다름없지만 가격은 훨씬 더 저렴했기 때문이다.

하지만 일은 생각보다 쉽지 않았다. 중고차라 그런지 사람들은 더 꼼꼼히 이것저것 살펴보았고, 액셀러레이터 밟을 때 감촉이 좋지 않다는 등, 경적 소리가 이상하다는 등, 핸들이 조금 휜 것 같다는 등 억지 트집을 잡아 어떻게 해서든 한 푼이라도 깎으려고 들었다.

그래도 사기만 한다면야 감사하고 또 감사할 일이었다. 트집만 잡다 사지도 않고 가버리는 사람들이 더 많으니 문제였다. 하지만 소장의 기분 나쁜 잔소리를 더는 듣지 않게 되어서, 동료들에게 무시당하지 않아서 마음은 예전보다 편했다.

그래. 이젠 적어도 모멸감 같은 건 들지 않잖아. 이 정도 어려움쯤은 충분히 이겨낼 수 있어! 파이팅, 김고난!!

나는 힘을 내서 가까운 지인들에게 중고차 판매를 시작했다는 사실을 알렸고, 또다시 나에게 맞는 중고차 고르는 방법, 바가지 쓰지 않고 중고차 사는 법 등이 적혀 있는 전단지를 만들어 사람들에게 나누어주었다. 기대했던 것만큼은 아니지만 전단지를 보고 전화를 걸어오는 사람이 새 차 판매할 때보다는 많았다. 그중에서 매장으로 나를 찾아와 차를 산 고객도 두 명 있었다.

내가 중고차 업계에서 전설적인 인물로 알려진 최신차 딜러를 만난 것은 중고차 판매를 시작한 지 석 달 정도 지났을 때였다.

가을이 깊어가는 어느 날 오후, 도로 위의 제왕帝王으로 알려진 메르세데스-벤츠 S600이 매장 안으로 들어섰다. 제비처럼 날렵한 은색의 차량이 멈추고, 키 큰 중년 남자가 문을 열고 내렸다. 순간 오 과장은 득달같이 남자에게 달려가 허리 굽혀 인사를 했다. 나도 호기심에 이끌려 오 과장을 따라갔다.

"선배님, 안녕하십니까. 저 오정식입니다. 기억하시겠습니까?"

오 과장의 말투는 장난기 하나 없이 깍듯했다.

"당연히 기억하지. 어때, 차는 잘 팔리나?"

“웬걸요. 근근이 유지나 하는 정도입니다.”

“그래서야 쓰나. 내 도움이 필요하면 언제든지 말하게. 내가 도와줄 수 있는 일이라면 돕겠네.”

중년의 남자가 명함을 꺼내 오 과장에게 내밀었다. 오 과장은 그 명함이 마치 보물이라도 되는 듯 소중하게 받아들었다.

“말씀만이라도 감사합니다. 선배님.”

“그런데 이 친구는 누군가?”

중년의 남자가 나를 쳐다보며 물었다.

“제 후배입니다. 선배님. 저와 함께 H자동차에 근무했었는데 지금은 제 일을 도와주고 있습니다. 뭐 하고 있나, 김 군. 어서 선배님께 인사드리지 않고.”

“안녕하십니까. 저는 김고난이라고 합니다.”

“나는 최신차라 하네. 반갑네.”

남자는 명함을 꺼내 내게도 한 장 건네주었다.

“언제 차 한 잔 마시러 오게나. 오늘은 바쁜 일이 있어 이만 가봐야겠네.”

“네, 선배님. 일 보시고 조심해서 들어가십시오.”

“또 보세.”

남자는 여유 있는 동작으로 뒤돌아서서 사무실 쪽으로 걸어갔다.

“다음에 또 뵙겠습니다.”

오 과장은 멀어져가는 남자의 뒤에 대고 깍듯이 허리 숙여 인사를 했다.

"도대체 저분이 누군데 절하듯 인사하는 겁니까?"

"저분이 바로 중고차 업계의 전설적인 인물, 최신차님이시다. 저분 혼자서 1년에 차를 몇 대나 파는 줄 아는가, 김 군."

"글쎄요. 한 300대?"

"어림없다네, 김 군."

나는 선배의 말을 듣고 깜짝 놀랐다. 300대도 사실 많이 부른 것이었다. 속으로는 한 200대 정도나 팔겠지, 생각하고 있었다.

"그럼 500대?"

"얼추 맞았네, 김 군. 하지만 그건 평균적인 숫자이고, 1000대 넘게 파셨던 해도 있었지."

"…1000대?"

나는 입을 떡 벌렸다. 1000대면 한 달에 83대 이상을 팔아치운 셈이다. 이는 주말까지 합쳐서 하루에 두세 대를 팔아야 가능한 수치였다. 아무리 중고차라 하지만 한 달에 고작 서너 대 판매하고 있는 나로서는 상상조차 하기 힘든 기록이었다.

도대체, 비결이 뭘까.

나는 그것이 몹시도 궁금했다.

나는 며칠을 망설이다 용기를 내서 최신차 선배에게 전화를 걸었다.

"안녕하십니까, 김고난입니다. 얼마 전에 만나 뵈었는데 기억하십니까?"

"그래. 김고난. 이름이 특이해서 기억하고 있네."

"언제 차 한 잔 마시러 오라고 하셨죠. 지금 찾아봬도 될까요?"

나는 피식피식 새어 나오는 웃음을 참고 말했다. 최신차란 이름도 특이하긴 마찬가지였다. 더군다나 중고차를 파는 사람의 이름이 최신차라니.

"지금 말인가?"

"네, 선배님. 상의드릴 일이 있어서요. 부탁드립니다."

"부탁이라니, 당치 않네. 하지만 7시에 대전에서 저녁 약속이 있어서 시간은 많이 못 내줄 것 같네."

나는 휴대전화를 들여다보았다. 오후 2시 30분.

"네, 선배님. 알겠습니다. 지금 출발하면 3시경에는 도착할 것 같습니다."

"그러시게."

나는 최 선배의 승낙이 떨어지자마자 전화를 끊고 차에 올라 시동을 켰다. 그리고 청담동에 있는 최 선배의 사무실을 향해 그야말로 빛의 속도로 달려갔다. 최 선배의 사무실은 중고차 딜러가 아니라 광고 관련 일을 하는 사람의 집무실처럼 럭셔리했다.

"어서 오게나."

최 선배는 나를 자리에 앉히고 비서에게 녹차 두 잔을 가져오라 일렀다.

"그래, 나와 상의하고 싶은 일이 뭔가?"

최 선배가 물었다. 나는 서슴없이 자리에서 일어나 최 선배 앞에 무릎을 꿇었다.

"선배님에게 자동차 판매기술을 배우고 싶습니다. 가르쳐주십시오."

"이 사람, 이게 무슨 짓인가? 어서 일어나게. 어서!"

당황한 최 선배는 서둘러 나를 일으켜 자리에 앉히고 말했다.

"영업기술을 배우고 싶다면 잘못 찾아왔네. 사람들은 내 스스로 노력해서 지금 이 자리까지 올라온 줄 알지만 그게 전부는 아닐세."

"전부가 아니라 하시면…?"

"나에게 큰 도움을 준 분이 있어. 바로 한국영업인협회 심고수 회장님이네."

"심고수 회장님이요?"

"내가 본 사람들 중에서 가장 탁월한 친구지. 그를 만난 것이 나에게는 행운이었네. 자네도 여기서 이러지 말고 심고수 회장을 찾아가 보게. 길이 보일 걸세. 내가 보증하겠네. 나이는 나보다 어리지만 내가 마음속 깊이 존경하는 친구거든. 이거 받게나."

최 선배는 명함첩을 뒤져서 심고수 회장의 명함을 찾아 내게 건넸다.

"그럼 난 알다시피 약속이 있어서 이만 일어서야겠네."

그러더니 최 선배는 내가 뭐라 말할 틈도 주지 않고 벌떡 일어나 사무실을 나갔다. 나는 멍하니 앉아 선배가 준 명함을 물끄러미 쳐다보았다. 일반 직장인들의 명함과는 달리 여러 장이 접혀 있었는데 첫 장에는 '단 한 번의 거절도 없이 판매할 수 있다.'는 헤드 카피 밑에 자신만만한 표정의 잘생긴 얼굴이 박혀 있고, 그 밑에 '회장/심고수'라고 써져 있었다.

최 선배가 이 사람 덕분에 크게 성공했다는 얘기를 할 정도면 영업에 있어서 뭔가 특출한 능력을 지니고 있는 것만은 분명했다.

한국영업인협회 심고수 회장. 공교롭게도 고조할아버님과 이름이 같았다. 운명일까? 최 선배 말처럼 그 사람이 정말 나를 제대로 된 영업의 길로 이끌 수 있을까? 몹시 궁금했다.

왜 나에게 사야 하는가?

본 강의 노트의 동영상 강의

김고난은, 아니 이름을 바꿨으니 이제 최고라고 해야겠죠? 최고는 최고수 할아버님의 일기를 읽고 자동차 제대로 고르는 방법 등이 적힌 전단지를 만들어 나름대로 영업에 활용해 보지만 결과는 영 신통치 않습니다. 아무리 노력해도 도무지 차가 팔리질 않으니 얼마나 답답할까요?

그런데 말입니다. 일기에 적혀 있는 내용이 아무리 좋다 하더라도 최고와 같은 초보 영업자들은 영업에 응용하기도 어렵고, 따라서 이렇다 할 성과를 올리기 힘든 것이 사실입니다. 그것이 제가 여러분에게 강의를 하는 이유이기도 하지요.

자, 그럼 이제부터 본격적으로 2편 강의를 시작하도록 하겠습니다.

제가 개척영업의 노하우에 대해서 강의할 때 수강생 분들에게 꼭 하는 질문이 있습니다.

"고객이 여러분의 상품을 꼭 여러분에게 사야만 하는 이유가 있나요?"

　그럼 열에 아홉은 고개만 설레설레 저을 뿐 대답을 하지 못합니다. 고객이 그 누구도 아닌 본인 자신에게 사야 하는 이유를 알고 있는 분들은 거의 없지요.

　아시다시피 영업에 막 입문한 초보들은 대부분 주변의 지인들을 찾아가 상품을 소개하면서 영업행위를 시작합니다. 그렇게 서너 달 정도 지나면 이번엔 지인들에게 아는 사람들을 소개시켜 달라고 부탁하게 되지요.

　나름대로는 최선을 다해 전단지를 만들고, 아침부터 거리를 돌아다니며 누구보다 열심히 뿌려대지만 그 전단지를 보고 연락해 오는 사람은 극히 드뭅니다. 이런 상황에서 실망감을 느끼지 않는 분은 별로 없습니다.

　마치 늪에 빠진 것처럼 시간이 지날수록 상황은 나빠지기만 합니다. 나와 친했던 사람들조차 내가 찾아오는 것을 더는 달갑지 않게 여긴다는 것을 피부로 느끼고, 전단지의 효용 가치가 거의 없다는 것을 깨닫는 순간 실망감은 좌절감으로 변하게 됩니다. 좌절감은 자기 비하와 모멸감으로 이어지게 되고, 이마에는 주름살만 늘어나게 되지요.

　왜 이런 현상이 벌어지게 되는 것일까요?

　제가 여러분에게 세 가지 질문을 드릴 테니 제대로 된 답을 생각해 보시기 바랍니다.

첫째, 고객이 여러분의 상품군을 구매해야 하는 이유는 무엇일까요?
둘째, 고객이 여러분의 회사에서 구매해야 하는 이유는 무엇일까요?
셋째, 고객이 여러분에게 구매해야 하는 이유는 무엇일까요?

잔인하게 들릴지 몰라도 첫 번째 질문에 대한 답을 내릴 수 없다면 지금 하고 계시는 일을 그만두는 것이 좋습니다. 이는 아주 기본적인 질문이기 때문입니다. 그에 대한 답을 내놓지 못한다면 고객을 설득하는 일조차 불가능하기 때문입니다.

두 번째부터는 사실 대답하기 곤란한 질문들입니다. 영업사원이 고객들에게 자신의 회사에서 사야 하는 이유를 늘어놓아 봤자 고객들은 큰 관심을 보이지 않을 겁니다. 입에 침이 마르도록 회사 자랑을 늘어놓고, 제품에 들어 있는 특허물질 성분에 대해서 자부심을 가지고 설명을 하고, 이미 많은 사람들이 사용하는 인기 제품이라고 아무리 떠들어도 말이지요.

왜일까요? 그 이유는 고객이 영업사원 말에 신뢰를 가질 수 없기 때문입니다. 브랜드의 힘, 즉 회사 인지도가 다른 경쟁사에 비해 뛰어난 것도 아니고, 특허물질 성분도 생전 처음 들어보는 것이고, 많은 사람들이 사용하고 있다는데 자신은 처음 보는 제품이라면 누구나 비슷한 반응을 보일 겁니다. 고개를 갸우뚱하며 의심하겠지요. 그래서 다른 회사 제품과 가격, 성능 등을 비교하다 끝내는 거절하게 되는 것입니다.

이제 가장 어려운 질문만이 남아 있군요. 세 번째 질문, 즉 나에게 사야 하는 이유 말입니다. 강의 시작할 때 말씀드렸듯이 이 질문에 대해서는 대부분 속 시원한 대답을 내놓지 못하는 것이 사실입니다.

고객 입장에서는 여러분에게 제품을 구매하든 다른 영업인에게 구매하든 별 차이가 없습니다. 그로 인해 가격 출혈경쟁이 일어나는 것이고, 많은 영업인이 고객이 원하는 것은 무엇이든 다 들어주려고 애쓰는 것이지요. 그러다 보니 '을'의 입장으로 전락해 고객들에게 질질 끌려 다닐 수밖에 없는 것이죠.

이는 어쩌면 당연한 일입니다. 고객이 친한 친구나 선후배가 아니라면, 다시 말해 순수하게 개척영업을 통해 고객을 만나고 제품을 판매하기란 매우 어렵기 때문입니다. 예를 들어 여러분이 지인을 찾아갔는데 마침 그분이 여러분과 같은 제품을 판매하는 어떤 영업인에게 제품을 구입하기로 하고 계약서를 작성했다고 합시다. 그런데 지인이 그 영업인을 그날 처음 봤다고 한다고 한다면 여러분은 지인에게 뭐라고 얘기하시겠습니까? 섭섭한 속내를 드러내며 불만을 토로하고, 당장 계약서 찢어버리고 그 사람이 아닌 자신에게 제품을 사라고 조르기도 하겠지요. 그러니 남들보다 뛰어난 경쟁력과 차별성을 갖추지 않고서는 순수한 개척영업, 즉 다른 영업인의 지인을 상대로 제품을 판매하기란 매우 어렵습니다.

그러나 친척이나 절친한 지인들 중에 여러분과 같은 상품을 판매하는 영업인이 있다고 해도 여러분하고만 계약을 해야 하는 이유가 있다면 문제는 달라집니다.

제 경험담을 잠깐 들려드리지요. 예전에 생리대 영업을 하러 다닐 때의 일입니다. 이름 없는 회사의 화장품을 판매하시는 어떤 영업인의 한 달 소득이 1000만 원이 훌쩍 넘는다는 이야기를 듣고 그분이 대체 어떤 방법으로 영업을 하는지 알아보았지요.

그분은 자동차를 활용해서 고객들을 모은 후 화장품을 판매하고 있다더군요. 전단물이나 선물 증정 쿠폰 등을 통해 잠재고객들을 모으고, 그분들을 차에 태워 상품 설명을 할 수 있는 기회를 만들어내고, 차 안에 있는 각종 자료와 도구들을 활용해 세일즈를 성공적으로 이끌어낸다는 것이었습니다.

저도 그런 방법을 사용해서 성공적인 세일즈를 하고 싶었지요. 그러나 차 내부 구조를 어떻게 바꿔야 하는지, 사람들을 어떻게 모으는지, 어떻게 세일즈를 하는지에 대해서는 도무지 알 길이 없었습니다.

저는 그분의 방법을 벤치마킹해야겠다고 마음먹고 여기저기 수소문한 끝에 마침내 그분에게 가르침을 주신 스승님이 계신 곳을 알아냈습니다. 저는 기쁜 마음에 그 스승님을 찾아가 사정을 말씀드렸지요. 그 스승님은 제 사정 이야기를 듣더니 흔쾌히 자신의 노하우를 알려주셨습니다.

그 후 저는 스승님에게 교육받은 내용을 충분히 활용할 수 있는, 깨끗하고 외관이 멋진 신형 스타렉스를 구매해서 차 내부를 개조하고, 외부를 꾸미고, 새로운 방식의 세일즈를 시작했습니다. 그랬더니 놀랍게도 하루에 수백만 원이 넘는 판매고를 올리게 되었지요.

그런데 말입니다. 제가 신형 스타렉스를 구매하기 전에 타고 다녔던 차종이 스타렉스였습니다. 스타렉스가 있는데도 다시 새로운 스타렉스를 구매한 것이었지요. 도대체 왜 그랬을까요? 그 스승님이 바로 자동차 딜러였기 때문입니다 이 정도면 '왜 나한테 사야만 하는가?'에 대한 답변으로 충분하지 않을까요?

다시 여러분에게 묻겠습니다. 이제 세 번째 질문에 대한 대답을 찾아내셨나요? 찾아내셨다면 적극적으로 활용해서 개척영업 활

동에 나서십시오. 분명히 다른 영업인들보다 앞서 나갈 수 있을
겁니다.

　남들보다 부지런히 움직이고 더 열심히 영업활동을 하는 것도 좋
지만 그보다 먼저 '왜 나한테 사야만 하는가?'에 대한 해답부터 꼭
풀어내시기 바랍니다.

　끝으로 여러분에게 도움이 될 것 같아 고난이 만난 중고차 업계
의 전설적인 인물 최신차 딜러에 대해서 말씀드리겠습니다.

　그분은 자동차만 파는 것이 아니라 '차량주치의'라고 하는 자신
만의 특별한 서비스 상품을 함께 팔고 있습니다. 한 달에 한 번 고
객을 찾아가 차량을 점검하며 어디 크게 문제 생긴 곳이 없는지, 어
디를 어떻게 손봐야 하는지 등을 알려주고 수리를 해야 할 정도로
문제가 심각하다면 자신이 운영하는 카센터로 차량을 옮겨 실비만
받고 정비를 해주고 있지요.

　그분은 이러한 '차량 주치의' 서비스를 자신에게 중고차를 구매
한 고객에게는 무료로 해드리고 있지만 그렇지 않은 분들이 원할
경우 3년간 30만 원을 받고 해드립니다. 서비스를 받는 3년 동안 자
신에게 중고차를 구입하거나 혹은 아는 사람을 소개시켜 차를 팔았
을 경우 받았던 30만 원을 되돌려주지요.

　이미 차가 있거나 구매한 지 얼마 안 된 분들에게 중고차를 판매

할 수는 없지만 타고 다니는 차를 관리해 주는 서비스는 충분히 팔 수 있지 않을까요.

'차량주치의' 서비스를 구매한 고객들 중 대다수가 3년이 다 지나기 전에 차를 사거나 지인을 소개시켜 주었고, 그분은 다른 중고차 딜러들보다 쉽고 빠르게 판매를 신장시킬 수 있었습니다.

이처럼 특이한 서비스를 기자들이 그냥 지나칠 리 없지요. 각종 언론에서 다투어 그분을 인터뷰하고 경쟁하듯 소개를 한 덕분에 서비스의 특이성은 더욱 부각되고, 공신력도 생겨 중고차 업계에서는 누구도 넘볼 수 없는 판매량을 올리게 되었지요. 그것이 그분이 지금 중고차 업계의 신화로 우뚝 서게 된 이유입니다.

남자 혼자 가도 될까요?

물론입니다. 대한민국 모든 영업인을 영업천재로 만드는 게
저희의 목표거든요. 최고 님도 충분히 영업천재가 되실 수
있습니다. 저희가 도와드리겠습니다.

오늘은 참으로 지독한 날이다. 한때는 내가 정말 좋아했던 여자, 착하고 다정하고 사랑스러웠던 여자 송지수가 내게 이별을 고했다. 그것도 아주 저열한 방법으로. 내가 붙들고 늘어지기라도 할까 봐 몹시 겁이 났던 모양이다. 참, 안됐다. 나도, 지수도.

최신차 선배가 준 명함을 들고 집으로 돌아온 나는 간편한 옷으로 갈아입고 책상 앞에 앉아 컴퓨터를 켰다. 곧 바탕 화면이 떠올랐다. 나는 즉시 인터넷에 접속해 한국영업인협회 홈페이지에 들어갔다. 명함에 있는 바로 그 사람이 주먹을 불끈 쥔 채 웃으며 말하고 있었다.

"고객께서 먼저 상담 요청하고, 고객 스스로 구매 신청하는 심고 수식 영업비법을 배우세요!"

나는 홈페이지에 있는 교육 후기와 성공 사례, 매스컴에 소개된 심고수 회장의 기사, 특강과 컨설팅 후기 등을 차례로 읽었다. 하지만 심고수식 영업비법이 무엇인지 좀처럼 감이 잡히질 않았다. 나는 그가 직접 쓴 책을 읽어보면 영업에 필요한 뭔가를 배울 수 있을지도 모른다는 생각에 인터넷 서점에 들어가 『영업의 정석』 등 세 권을 주문했다. 평일에는 보통 저녁 10시 넘어서 집에 들어가기 때문에 배송지는 사무실로 했다.

책은 다음 날 오후 사무실에 도착했다. 나는 일을 하는 틈틈이 그 책들을 읽었다. 열정적으로 살아라, 성실히 일하라, 한 우물을 파라, 인간관계를 잘하라는 등 빤한 이야기만 늘어놓는 다른 영업 관련 책들과는 달리 현실적이고, 재미도 있어 빠른 시간 안에 세 권을 독파할 수 있었다.

다 읽고 나자 책에 적힌 내용대로만 하면 영업을 잘할 수 있을 것 같은 자신감이 생겼다. 한풀 꺾였던 용기도 되살아났다. 하지만 과연 내가 그대로 할 수 있을까, 하는 의문이 고개를 치켜드는 것도 사실이었다. 내가 처한 상황과는 어딘가 맞지 않는 부분이 있는 것 같기도 했고, 당장 실행에 옮기기에는 힘들 것 같다는 의심도 들었다.

나는 고민 끝에 한국영업인협회에 연락해 심고수 회장을 찾았다. 심고수 회장은 친절하게 전화를 받아주었다.

"반갑습니다. 심고수입니다."

"안녕하세요. 저는 중고차 딜러를 하고 있는 최고라고 합니다. 실은 제가 최신차 선배님 소개로 협회 홈페이지도 방문해 보고, 회장님이 직접 쓰신 책들도 모두 구입해 읽어봤는데요. 그래도 궁금한 점들이 있어서 찾아뵙고 말씀을 들었으면 해서 전화드렸습니다."

"아, 그러셨군요. 잘하셨습니다. 최신차 딜러님은 저희 협회 수강생이셨죠. 워낙 부지런하시고 두뇌도 명석한 분이어서 제가 가르쳐드린 영업비법을 금방 자신의 영업에 적용해 활용하시더군요."

"저도 최 선배님처럼 될 수 있을까요?"

"물론입니다. 대한민국 모든 영업인을 영업천재로 만드는 게 저희의 목표거든요. 최고 님도 충분히 영업천재가 되실 수 있습니다. 저희가 도와드리겠습니다."

"그럼 언제 찾아뵐까요?"

"스케줄은 제가 관리하지 않아서요. 비서를 바꿔드릴 테니 약속 잡으시고 꼭 방문하시기 바랍니다."

"네. 그렇게 하겠습니다."

나는 심고수 회장이 하라는 대로 비서와 상의해 약속 날짜와 시간을 정하고 전화를 끊었다. 바로 그때였다. 한동안 연락이 없던 같은 과 1년 후배로부터 전화가 걸려온 것은.

"저예요, 선배. 현진이."

현진이는 2년 전 미국으로 어학연수를 떠났던 지수와 가장 친한 아이였다. 뭔가 모르게 느낌이 좋지 않았다.

"아, 그래. 현진이. 오랜만이네. 요즘 어때? 잘 지내지?"

"네. 선배도 잘 지내시죠."

"나야 늘 그렇지 뭐. 그런데 어쩐 일이야? 갑자기."

"지수 얘기 들으셨나 해서요."

"아니. 못 들었는데. 설마 나쁜 소식은 아니겠지?"

"아니에요, 선배. 지수 며칠 전에 귀국했어요. 선배는 아셔야 할 것 같아서 전화했어요."

"그랬구나. 고맙다. 현진아."

"그럼 안녕히 계세요. 몸 건강히 잘 지내시고요."

"그래. 너도 건강하게 잘 지내."

나는 애써 부드럽게 말하고 전화를 끊었다. 현진이는 지수의 부탁으로 내게 전화를 건 것이 틀림없었다. 내 여자 친구 소식을 다른 사람 입을 통해 듣다니. 기분이 나빴다. 아니, 몹시 불쾌했다.

그리고 이틀 후 송지수가 직접 내게 전화를 걸었다.

"오랜만이야."

"오랜만이다."

"내일 시간 어때?"

"난 언제든 괜찮아."

"그럼 홍대 앞에 커피숍에서 3시에 봐."

지수는 거의 일방적으로 약속 장소와 시간을 전하고 전화를 끊었다. 그때부터 내 머릿속에서는 지수를 주인공으로 한 온갖 이상한 장면들이 폭죽 터지듯 떠올랐다. 나는 도저히 잠을 이루지 못하게 만드는 그 장면들을 억지로 밀어내며 뜬눈으로 밤을 새우고 약속 시간이 되기를 기다려 홍대 앞 커피숍으로 갔다.

"일찍 왔네."

자신이 정한 시간보다 30분 늦게 나타난 지수는 전혀 미안한 기색 없이 휴지 던지듯 말하고 내 앞자리에 앉았다.

"좋아 보인다. 잘 지냈지?"

나는 애써 미소를 지으며 물었다.

"뭐 마실래? 카푸치노?"

"캬라멜마키야또."

지수가 짧게 말했다. 나는 일어서서 그녀가 원하는 커피를 사다 바쳤다.

"많이 바빴나 봐. 그동안 여러 차례 메일 보냈는데…."

"못 봤어. 나 이메일 계정 바꿨거든."

"그랬구나. 어쩐지 안 읽었다고 나오더라."

"내가 귀국했다는 소식은 들었지?"

"…응? 아, 들었지."

나는 당황해서 말을 더듬었다.

"바보가 아닌 이상 선배도 그때 눈치 챘을 거야."

"뭘?"

"내 마음. 떠났다는 거."

"대체 이유가 뭐니? 내가 제대하고 나서 복학하지 않고 자동차 영업사원이 된 것 때문에?"

"어느 정도는."

"너도 알잖아. 난 공부보다는 사업을 하고 싶었어. 그래서 택한 길이야."

"솔직히 차팔이가 사업은 아니잖아."

지수가 비웃듯이 말했다. 그녀의 입에서는 말이 아니라 차가운 얼음 가루가 뿜어져 나오는 것 같았다.

"뭐? 차팔이?"

"다들 그렇게 부르던데. 자존심 상했다면 미안. 나 약속 있어서 그만 가봐야 해. 그래도 같은 과 선후배 사인데 어쩔 수 없이 마주치는 일이 있더라도 서로 얼굴 붉히지는 말자."

그녀는 마지막으로 비수 같은 말을 내 심장에 꽂고는 벌떡 일어나서 커피숍을 나가 버렸다. 그녀의 말과 행동에 치명상을 입은 나는 한동안 정신을 못 차리고 멍하니 앉아 있었다.

그녀는 이미 오래전부터 오늘의 이별을 준비하고 있었을 것이다.

나도 알고 있었다. 벌써 1년도 더 된 일이었다. 어느 날인가 왜 나에게 답장을 보내지 않는 걸까, 궁금해서 수신 확인 버튼을 눌렀고, 그동안 그녀에게 보냈던 메일 모두가 읽지 않음으로 표시되어 있는 것을 보게 되었다. 순간 불길한 예감이 불길처럼 일었지만 나는 안간힘을 다해 좋은 쪽으로 생각의 방향을 틀었다.

공부하느라 힘들어서 그럴 거야. 이메일을 확인하지 못할 정도로 바빴을 거야. 언젠가는 확인하고 답장을 보낼 거야.

나는 그렇게 믿고 계속 이메일을 보냈다. 그녀가 읽지 않을 거라는 사실을 알면서도 스스로에게 최면제 같은 거짓 믿음을 주사한 것이었다. 마음이 아팠다.

영업을 시작한 이후부터 지금까지 그야말로 악전고투의 나날을 보냈지만 오늘은 정말이지 내 인생 최악의 날이다.

「돼지가 우물에 빠진 날」이라는 영화 제목과 지금의 내 꼴이 기가 막히게 닮아 있다는 생각이 든다. 우물도 끝이 보이지 않는 깊은 우물 속에 빠진 기분이다. 더 밑바닥은 어디일까. 어디까지 내려갈까. 알고 싶다.

'거꾸로 매달아도 국방부 시계는 돌아간다.'는 말이 있다. 말년 병장 때 신참들이 들어오면 입버릇처럼 했던 말이다. 그런데 지금 생각해 보니 참으로 명언이 아닐 수 없다. 민간인 시계도 마찬가지다. 지옥 같은 삶을 살고 있어도 시간은 흘러가는 법이다. 한국영업인협회 심고수 회장과 만나기로 한 날도 벌써 내일로 다가오지 않았는가. 그 사람은, 나를, 우물에 빠진 나를 끌어올려 햇빛을 보게 할 수 있을까. 내 희망이 되어줄 수 있을까.

지수와 헤어지고 나서 나는 더욱더 치열하게 영업에 매달렸다. 오 선배가 시키는 일은 무엇이든 다 했고, 밤늦게까지 번화가를 돌면서 주차되어 있는 차에 명함을 꽂고 지나가는 사람들에게 전단지를 나눠주었다. 주말에도 쉬지 않고 강남 한복판에 나가 열심히 명함과 전단지를 뿌렸다. 지수와의 즐거웠던 시간들, 달콤했던 추억들, 마지막에 지수가 했던 잔인한 말과 행동들이 시도 때도 없이 떠올라 나를 괴롭혔기 때문이었다. 그 씁쓸한 기억들로부터 도망치려면 지쳐 쓰러질 때까지 일하는 수밖에 없었다.

11월 30일, 월요일에도 나는 밤늦게 일을 마치고 집으로 가기 위해 버스 정류장으로 향했다. 순간 차갑게 불어오는 바람을 타고 뭔가가 펄럭거리며 날아오다 내 발밑에 떨어졌다. 내가 나눠준 전단지인 것 같아 허리 숙여 발밑에 있는 종이를 집었다. 그러나 아니었다. 버스에 올라타서 자리에 앉아 자세히 살펴보니 예비 신랑 신부를 대상으로 피부관리 세미나를 하니 관심 있는 분들은 참가 신청을 하라는 내용의 전단지였다. 그런데 구성이나 내용이 일반적인 전단지와는 사뭇 달랐다.

나는 한참 동안 전단지를 들여다보았다, 문득 지수와 헤어지지 않았다면 세미나에 함께 갔을지도 모른다는 생각이 들었다. 나는 허황된 생각을 접으려고 전단지를 접어 가방에 넣고 창 쪽으로 고개를 돌렸다. 비쩍 마른 내 얼굴이 거울 앞에 선 것처럼 차창에 비쳤다. 나는 두 손을 들어 감싸듯 얼굴을 만져보았다. 찬바람을 많이 맞고 다녀서인지 얼음처럼 차가웠고 까칠까칠했다. 순간 울컥하고 눈물이 솟구쳐 올라왔다.

나는 버스에서 내려 근처 포장마차에 들어가 소주와 우동으로 허기와 울분을 달래고 집으로 돌아왔다. 벌써 새벽 3시였다. 나는 대충 씻고 침대에 누워 눈을 감았다. 하지만 잠은 오지 않았다. 온몸을 짓누르는 피곤도, 술기운도 잠을 부르지는 못했다. 나는 어쩔 수 없이 뜬눈으로 밤을 보내고 장안평으로 출근했다.

"좀비가 따로 없네. 오늘은 그냥 집에서 쉬지 그래, 김 군."

오 선배가 내 얼굴을 보더니 쯧쯧 혀를 차며 말했다.

"아닙니다. 일해야죠."

나는 씩씩하게 대답하고 사무실을 나왔다. 아침부터 슬금슬금 눈이 내리고 있었다. 나는 늘 그랬듯 강남역으로 가서 출근하는 사람들에게 명함과 전단지를 나눠주려고 가방을 열었다. 순간 어제 주은 전단지가 눈에 띄었다. 다시 봐도 형식이나 내용이 독특했다. 나도 모르게 휴대전화를 꺼내 전단지에 적힌 전화번호로 문자를 보냈다.

남자 혼자 가도 될까요?

그러자 곧바로 전화가 걸려왔다. 목소리를 들으니 여자였다. 듣는 사람을 기분 좋게 해주는 맑고 경쾌한 목소리였다. 여자는 웃으며 말했다.

"예비 신부께서 바쁘시면 혼자 오셔도 돼요. 부럽네요."

조금이라도 내 상황을 안다면 절대 나오지 않을 말이었다.

나는 토요일 오후 2시 30분에 세미나가 열리는 장소로 갔다. 추운 겨울인데도 결혼을 하려는 커플이 왜 이리 많은지 세미나 장소는 50명이 넘는 사람들로 북적였다. 나처럼 혼자 온 사람은 당연히 없었다. 나는 구석진 곳에 앉아 세미나가 시작되기를 기다렸다.

"안녕하세요. 저는 대한화장품 문성혜 카운슬러입니다. 만나서 반갑습니다."

벽에 걸린 시계가 3시를 가리키자 한 여자가 단상 위로 올라와 자기소개를 하고 고개 숙여 인사를 했다. 화장품 회사에 근무해서인지 여자의 외모는 눈에 띄게 아름다웠다. 모르는 사람은 연예인이라고 해도 믿을 정도였다.

"예비 신랑, 신부답게 알콩달콩 서로를 챙기는 여러분들의 모습을 보니 제 마음이 다 흐뭇하네요. 행복하시죠?"

여자가 미소를 머금고 물었다.

"네!"

누가 결혼할 사이 아니랄까 봐 서로를 끌어안듯 바싹 붙어 앉은 연인들이 일제히 대답했다. 물론 나는 당연히 대답하지 않았다.

"아시다시피 겨울철은 피부에게 참 잔인한 계절이에요. 날씨가 춥고 건조해지면 몸속에 있는 피부세포가 재생활동을 활발하게 하지 못하면서 지방을 적게 분비하고, 표면의 보호막이 제대로 형성되지 않아 쉽게 건조해지고 예민해지기 때문이지요. 그래서 많은 여성분들이 각종 수분이나 영양크림, 마사지 등을 통해 촉촉한 피부를 유지하려고 노력하고 있죠.”

여자는 잠시 말을 끊고 예비 신부들을 둘러보았다.

“겨울철 피부관리, 어떻게 해야 좋을까요? 알고 싶으시죠?”

여자가 물었다. 예비 신부들이 일제히 고개를 끄덕였다. 여자는 단상 위에 놓여 있는 스위치를 들고 버튼을 눌러 스크린을 올리더니 각종 자료 화면을 보여주면서 겨울철 피부관리 방법, 특히 예비 신부들에게 필요한 피부관리 노하우와 각종 팁들을 자세히 알려주었다. 그러고 나서 이렇게 말했다.

“…오늘 참석해 주신 예비 부부 여러분들께는 특별히 결혼식 날까지 피부를 10년 더 젊어지게 만드는 피부관리법 강좌, 화장 뜨지 않고 잘 먹게 만들어주는 메이크업 아티스트들만의 메이크업 노하우 교육, 피부를 분석한 후 내 피부에 꼭 맞는 성분이 적당량 들어 있는 화장품 고르는 노하우 강의를 한데 묶은 패키지를 저렴한 가격으로 판매할 예정입니다. 지금 같은 겨울철에도 살아 있는 피부를 원하신다면, 사랑하는 분에게 늘 빛나는 얼굴을 보이고 싶으시다면, 아시죠?”

여자가 물었다. 나는 참석자들의 반응을 살피기 위해 주위를 둘러보았다. 예비 신부들의 눈빛은 관심으로 반짝반짝 빛나고 있었다.

"피부관리 패키지를 신청하시는 분께는 제가 직접 방문해서 피부를 젊게 만들어드리는 스킨케어를 1주 1회, 결혼식 전까지 무료로 해드리는 쿠폰을 드리겠습니다. 지금 바로 받아가세요!"

여자는 미소를 지으며 보조 진행자에게 스킨케어 쿠폰을 나눠주라고 지시했다. 그러자 상상도 하지 못했던 장면이 내 눈앞에 펼쳐졌다. 세미나에 참석한 사람들 대부분이 쿠폰을 받아들더니, 결국은 패키지를 신청하는 것이 아닌가?! 화장품이 아니라 피부관리법과 메이크업 노하우, 그리고 내가 보기엔 화장품을 팔기 위해 고객을 유도하는 것이 분명한 강의를 패키지로 묶어놓은 것 같은데, 그런 것도 돈을 받고 팔 수 있다니!!

차 한 대 팔아보려고 휴일도 없이 밤늦게까지 전단지를 뿌려대는 나에게 그것은 충격이었다. 놀라웠다.

여자는 자신의 이름이 문성혜라고 했다. 문성혜. 언젠가 다시 만날 날이 올 것이다. 반드시!

업무시간에 할 일은 단 두 가지뿐이다

본 강의 노트의 동영상 강의

우리의 주인공 최고가 이제는 사랑하는 여자에게 버림까지 받았네요. 거의 매일 쉬지 않고 명함과 전단지를 뿌려대도 한 달에 고작 차 한두 대밖에 팔지 못하는 가엾은 최고가 말이죠. 누가 봐도 부지런히 발품을 팔며 열심히 일하는데, 왜 최고는 이 정도 성과밖에 올리지 못하는 걸까요? 그 이유를 이제부터 알아보도록 하겠습니다.

영업인들이 업무를 시작해서 마치기까지 걸리는 시간은 대략 10시간이라고 합니다. 그중에서 정말로 영업을 하는 시간은 얼마나 될까요?

여기 최고만큼이나 열심히 영업을 하는 나열심이라는 영업사원이 있습니다. 그는 아침 일찍 출근하여 동료들과 어제 영업현장에서 있었던 경험담을 서로 이야기하며 공유하고, 조회에 참석하여 토씨 하나 놓칠세라 집중해서 상급자가 알려주는 상품에 대한 내용을 귀담아듣고, 멘탈 교육을 받으며 자신에게 동기부여를 하는 동시에 용기와 자신감을 끌어올리지요.

조회가 끝난 후에는 신문을 봅니다. 오후 3시와 6시에 각각 다른 고객을 만나는데 부드럽게 대화를 풀어나갈 만한 이야깃거리를 찾는 것이죠. 점심시간에는 마음에 맞는 동료와 함께 식사를 하면서 오늘 만나기로 약속한 고객들에 대한 정보를 들려주고, 어떻게 영업을 하면 좋을지 물어보기도 하면서 나름대로 작전을 짭니다.

식사를 마치니 1시. 첫 번째 고객과 약속한 시간까지는 아직 2시간이나 남아 있습니다. 나열심이 근무하는 영업소는 강남에 있고, 만나기로 약속한 고객은 인천에 있으니 1시간 정도 여유가 있는 셈이지요. 나열심은 경부고속도로를 타고 가다 서울 외곽순환도로 일산 방향으로 들어가서 제2 경인고속도로로 내려가면 약속 장소까지 50분 정도 걸린다는 것을 경험상 알고 있습니다. 그때 마침 어제 인터넷 서점에서 주문한 영업 관련 서적이 도착하지요. 나열심은 커피를 마시면서 그 책을 읽습니다.

2시가 되자 나열심은 읽던 책을 덮고 영업소를 나섭니다. 도로가 막힐지도 모른다는 생각에 10분 일찍 나선 것이죠. 나열심은 좋아하는 걸그룹의 노래를 크게 틀어놓고 미리 정해 놓은 방향으로 차를 몰고 달립니다. 2시 55분에 약속 장소에 도착한 나열심은 고객과 만나 상담을 마치고, 두 번째 고객을 만나기로 한 장소, 의정부를 향해 부지런히 차를 몰지요.

의정부에서 고객과의 미팅을 마치고 강남에 있는 영업소로 복귀하니 9시. 모두 퇴근하고 사무실에는 아무도 없습니다. 나열심은 혼자 생각합니다.

'보라고! 나보다 열심히 일하는 사람이 어디 있어? 나만큼 부지런한 사람이 어디 있냐고! 나보다 일찍 출근하는 사람도 없고, 나보다 늦게 퇴근하는 사람도 없잖아!'

그러면서 스스로를 자랑스러워하지요.

여러분이 듣기에는 어떤가요? 나열심이라는 영업사원이 정말 열심히 일을 하는 것처럼 느껴지나요? 누구보다 일찍 출근하고, 누구보다 집중해서 상품 공부를 하고, 인천으로, 의정부로 차를 몰고 다니며 고객들을 만나 상담하고, 누구보다 늦게 퇴근하니 이보다 열심히 하는 사람이 있을까 싶은가요?

여기서 한 가지 묻겠습니다. 과연 나열심은 열심히 일한 만큼 높은 성과를 올리고 있는 걸까요? 같은 질문을 저에게 하신다면 저는 단호하게 아니라고 말씀드릴 수 있습니다.

아닙니다.

왜냐고요?

나열심은 유능한 영업사원이 아니니까요. 오히려 그는 부지런히 고객들을 만나고 다니기는 하지만 실속은 차리지 못하는 무능력한 영업사원의 표상과도 같습니다.

업무시간에 해야 할 일이 있고, 그 외의 시간을 활용해서 해야 할 일들이 있는데 나열심은 그것들을 구분하지 못하고 있습니다. 나열심이 실제로 영업을 한 시간은 고객과 만나 상담한 시간뿐입니다. 나열심은 그 외의 시간들도 영업을 잘하기 위해서는 필요하다고, 영업에 도움이 된다고 여기겠지만, 실은 비효율적으로 보내고 있는 것입니다.

동료들과 어울려 경험담을 주고받는 것, 고객이 아닌 사람과 함께 식사하는 것(그것도 1시간씩이나 말이죠!), 업무시간에 신문을 보고 책을 읽는 것, 차를 몰고 달리며 음악을 듣는 것 등등은 우리 영업인들을 실패의 구렁텅이로 몰아넣는 일들입니다.

업무시간에는 단 두 가지의 일만 해야 합니다. 첫째는 고객을 만나서 고객이 제품을 구매하도록 하는 PT 및 클로징을 하는 것이고, 둘째는 제품을 구매하는 고객을 만나기 위해 고객을 발굴하거나 소개를 유도하는 것입니다.

　이 두 가지 외의 일을 하는 것은 영업에 도움이 되지 않습니다. 최고처럼 무턱대고 명함과 전단지를 나눠주는 것, 나열심처럼 인천에서 고객을 만나고, 의정부로 이동해 또 다른 고객을 만나는 것 모두 바보짓입니다. 최고가 명함과 전단지를 나눠주는 데 쓴 시간은 영업시간이라고 할 수 없습니다. 업무시간에 해야 할 일을 하지 않고 엉뚱한 짓만 죽어라 하고 있으니 당연히 실적이 나쁠 수밖에요.

　마찬가지로 나열심이 고객을 만나기 위해 인천에서 의정부로 이동하는 데 든 시간도 영업시간이라고 할 수 없습니다. 그가 차 안에서 PT 및 클로징 연습을 하지 않고 걸그룹 노래를 듣고 있는 것도 문제지만 이런 식으로 멍청하게 약속을 잡는 것은 더 큰 문제 행동입니다. 생각해 보십시오. 인천에서 의정부까지 적어도 2시간은 걸릴 겁니다. 퇴근시간이라면 더 걸릴지도 모르죠. 그러니 대충 따져봐도 나열심이 차 안에서 보낸 시간은 5시간이 넘습니다.

　영업일정을 잡을 때 오늘은 인천에서 고객을 만나기로 했다면 그 근처에 있는 고객을 찾아서 추가 약속을 잡아야 합니다. 나열심처럼 하면 하루에 기껏해야 2~3명밖에 만나지 못하지만 고객 미팅 일정을 같은 지역으로 모아서 잡으면 하루에 5~6명도 거뜬히 만날 수 있게 됩니다.

　물론 영업을 처음 시작하신 분들의 눈에는 하루에 2~3명 만나는 선배 영업사원이 굉장히 대단해 보일 수 있습니다. 그 일이 매우 어렵게 느껴지겠지요. 하지만 저와 함께 체계적인 방법으로 잠재고객을 모으는 방법을 익히신다면 하루에 2~3명 정도로는 만족하지 못하시게 될 겁니다. 승부를 가르는 가장 결정적인 요소는 효율성이라는 것, 잊지 마십시오!

IV

최고, 월천회 회원이 되다

제가 보기에 최고 씨의 가장 큰 문제점은 영업시간을 제대로 관리하지 못하고 있다는 것입니다. 실제로 최고 씨가 영업하는 시간은 하루에 한두 시간밖에 되질 않아요. 나머지는 영업시간으로 볼 수 없습니다.

오늘 심고수 회장을 만났다. 그리고 또 한 사람, 피부관리 세미나를 주최했던 여자 분도 만났다. 문성혜. 참으로 묘한 인연이었다. 나는 송지수가 있던 바로 그 자리에 슬그머니 그녀가 들어오고 있음을 느낀다. 하나를 잃으면 다른 하나를 얻는다고 했던가.

"어서 오세요. 성함이 어떻게 되시죠?"

약속 시간에 맞춰 한국영업인협회 문을 열고 들어서자 여비서가 나와서 밝게 웃으며 물었다.

"최고라고 합니다."

"네. 이리로 오세요. 기다리고 계십니다."

나는 여비서가 안내하는 방으로 갔다. 책상에 앉아 업무를 보고 있던 심고수 회장이 일어서서 내게 다가와 손을 내밀었다.

"반갑습니다. 앉으시죠."

나는 심고수 회장과 악수를 나누고 그가 권하는 자리에 앉았다. 그의 사무실은 아늑했다.

"회장님 명함은 최신차 선배님께 받았습니다."

나는 명함을 꺼내 심고수 회장에게 건네며 말했다.

"그러셨군요. 차는 뭐로 하실까요?"

"녹차 주십시오."

"여기 녹차 두 잔 갖다 주세요."

심고수 회장이 여비서에게 말하고 나를 쳐다보았다.

"먼저 최고 씨 얘기부터 듣고 싶습니다. 그동안 어떤 식으로 영업을 해왔는지 말씀해 주실 수 있으시죠?"

"네. 물론입니다."

잠시 후 여비서가 녹차를 가져왔다. 나는 그녀가 가져온 녹차를 마시며 마치 고해성사를 하듯 자동차 영업사원이 된 이유부터 시작해서 지금까지 있었던 일들을 모두 털어놓았다.

"…그러셨군요. 제가 보기에 최고 씨의 가장 큰 문제점은 영업시간을 제대로 관리하지 못하고 있다는 것입니다. 실제로 최고 씨가 영업하는 시간은 하루에 한두 시간밖에 되질 않아요. 나머지는 영업시간으로 볼 수 없습니다. 남들 눈에 영업하는 것처럼 보이거나 본인 스스로 그렇게 믿고 있을 뿐입니다. 마치 고장 난 수도처럼 아까운 시간이 줄줄 새고 있는 것이죠."

심고수 회장은 단호하게 말하고 업무시간에는 단 두 가지 일만 해야 한다고 강조했다. 나는 노트를 꺼내 그가 불러주는 대로 적었다.

업무시간에 할 일

1. 고객을 만나서 고객이 제품을 구매하도록 하는 PT 및 클로징을 한다.

2. 제품을 구매하는 고객을 만나기 위해 고객을 발굴하거나 소개를 유도한다.

심고수 회장은 영업시간 관리가 왜 중요한지 예를 들어가며 한참 설명하고 나서 말했다.

"오늘 상담은 여기서 마쳐야겠습니다. 저희 협회 홈페이지에 들어가시면 성공 사례들을 읽을 수 있고, 수강생 분들이 올린 교육 후기 동영상도 볼 수 있습니다. 알고 계시죠?"

"네. 전에 봤습니다."

"꼼꼼히 살펴보셨나요?"

"아니, 그게….''

"이번에는 마음의 여유를 가지시고 천천히, 꼼꼼히 읽어보고 들어보십시오. 원하는 답을 찾으실 수 있을 겁니다."

"네. 말씀하신 대로 하겠습니다."

"참, 한 달 전쯤에 저에게 강의를 들으며 서로 알게 된 분들이 모여 스터디 모임을 만들었는데 오신 김에 그분들과 인사나 하고 가시죠. 5시부터 제가 그분들을 코칭해 주기로 되어 있거든요."

심고수 회장이 시계를 보더니 자리에서 일어났다. 나도 함께 일어서서 스터디 모임 회원들이 기다리고 있다는 강의실로 갔다. 심고수 회장은 그들과 반갑게 인사를 나누고 한 명 한 명 나에게 소개시켜주었다.

"이분은 보험회사에 근무하는 이준석 님, 이분은 네일아트를 하시는 김기현 님, 그리고 이분은 대한화장품에 근무하는 문성혜 님입니다."

"안녕하세요, 중고차 파는 일을 하고 있는 최고입니다."

나는 애써 침착하게 그들과 일일이 인사를 나누며 명함을 주고받았다. 사실 강의실에 들어설 때부터 내 가슴은 미친 듯이 뛰고 있었다. 문성혜. 활짝 웃고 있는 그녀의 얼굴이 화살처럼 날아와 내 눈에 박혔던 것이다.

"저희 모임 명칭은 월천회입니다. 이왕 영업세계에 뛰어든 거 한 달에 1000만 원 이상은 벌자는 의미에서 지은 이름이지요."

이준석이 자랑하듯 말했다.

"두 달 전에 한국영업인협회가 주최한 4주짜리 교육인 '영업의 정석' 강의를 듣다 알게 된 사이입니다. 얘기를 나누다 보니 서로 마음이 통해서 단번에 모임을 결성하게 됐죠."

"아, 네. 그러시군요."

나는 건성으로 대꾸하며 슬쩍 문성혜를 쳐다보았다. 문득 이 모임의 회원이 되면 계속해서 그녀를 만날 수 있지 않겠는가, 하는 생각이 떠올랐다. 영업비법도 익히고, 문성혜도 만나고 그야말로 일석이조 아닌가.

"월천회, 정말 좋은 이름이네요. 취지도 좋고요. 그래서 말인데요. 초면에 실례되는 부탁인 줄은 잘 알지만 저도 좀 끼워주시면 안 될까요?"

나는 애원하듯 간절하게 부탁했다. 그러자 사람들이 이상한 눈으로 나를 쳐다보았다. 모두들 어이없다는 표정이었다.

"정식 회원이 아니더라도 괜찮습니다. 임시 회원으로라도 받아주십시오."

나는 깊이 허리를 숙이고 최대한 공손하게 머리를 조아렸다.

"그렇게 하시죠. 다다익선이라고 세 명보다는 네 명이 낫지 않겠습니까?"

그때 고맙게도 심고수 회장이 내 편을 들어주었다.

"저희들에게도 생각할 시간을 주십시오. 상의해 보고 결정하겠습니다."

이준석이 경계하는 눈빛으로 나를 보며 말했다. 아마도 그가 모임의 회장인 듯했다.

"고맙습니다. 꼭 좀 부탁드리겠습니다."

나는 다시 한 번 공손히 인사를 하고 강의실을 나왔다. 약속되어 있는 코칭 시간이 이미 10분 정도 지나 있어 더 있을 수가 없었다. 나는 문을 닫으면서 다시 한 번 슬쩍 문성혜를 쳐다보았다. 그녀는 웃고 있었다. 햇빛처럼 빛나게.

심고수 회장과 문성혜. 문득 오늘 만난 두 사람이 내게 행운을 가져다줄 것 같다는 생각이 든다. 느낌이 좋은 만남이었다.

내일은 크리스마스이브다. 미친 척하고 성혜 누나한테 전화를 걸어 별다른 약속 없으면 나와 함께 영화나 보러 가자고 해볼까.

지금 시간 11시. 성혜 누나는 어디 있을까. 아마도 집에 있겠지. 집에서 뭘 하고 있을까. 음악을 듣고 있을까. 텔레비전을 보고 있을까. 아니면 잠을 자고 있을까. 잠들었다면 꿈속에서 누구를 만나고 있을까. 성혜 누나가 꾸고 있을지도 모르는 영화 같은 꿈속의 남자 주인공이 나라면 얼마나 좋을까.

심고수 회장을 만나고 집에 돌아온 나는 협회 홈페이지에 들어가 먼저 성공 사례들을 다시 한 번 꼼꼼히 읽었다. 그리고 나서 수강생들의 교육 후기 동영상은 물론 각종 동영상 강의도 들어보았다. 특히 중고차를 판매하는 진영대 딜러의 후기와 동영상을 주의 깊게 읽고 보았다.

진영대 딜러는 5월 초에 처음 강의를 들었는데 100일 정도 공부하고 연구한 끝에 효율적인 영업 프로세스를 구축했다고 한다. 9월 초에는 세미나를 열어 2시간 만에 차를 8대 판매했고, 9월 15일부터는 보름 동안 35대의 차를 판매해 3000만 원이 넘는 수당을 받았다고 한다. 다음은 그가 남긴 교육 후기다.

> 일단 강의를 듣고 나면 우와, 이런 방법이 있었구나! 감탄을 하게 됩니다. 그런데 잠시 후엔 의심이 듭니다.
>
> 과연 이런 방법이 통할까?
>
> 그러다 조금씩 실전에 응용해 보면서 '되긴 된다.'는 것을 알게 되죠. 하지만 뭔가 좀 부족하다는 것을 느끼고 심고수 회장에게 상담을 요청하게 됩니다.
>
> 심고수 회장의 피드백을 받은 후 다시 해보면 이젠 '정말 된다.'는 것을 알게 됩니다.
>
> 이렇듯 '감탄 ⇒ 의심 ⇒ 실전 응용을 통해 약간의 성과 올림 ⇒ 자신의 부족한 점 인지 ⇒ 피드백 ⇒ 실전 응용을 통해 '정말 된다.'는 확신 얻음'의 순서로 가는 것 같은데, 저만 그런가요?

그 글에 달린 댓글을 보니 대부분 그와 비슷한 생각들을 하는 것 같았다. 나는 어렴풋이 깨달았다. '영업이란 고객을 발굴하고, 고객을 만나고, 고객이 나에게 제품을 사도록 만드는 것' 임을. 또한 무작정 전단지를 나눠주는 것도 문제 행동이지만 전단지 자체가 더 큰 문제를 안고 있었다는 사실도 깨달았다. 전단지는 콘셉트 · 문제 · 해결 · 근거 · 요청 · 반복 · 한정의 8가지 요소를 적절히 활용해서 만들어야 효과가 크다는 것도 알았다. 그것만 해도 나에게는 큰 성과였다.

나는 심고수 회장의 강의 내용을 토대로 다시 전단지를 만들었다. 그리고 이번에는 길거리가 아니라 중고차 매매시장을 돌면서 사람들에게 전단지를 나눠주었다. 그때 마침 반가운 전화가 걸려왔다.

"저 문성혜에요. 월천회."

"아, 네. 안녕하세요."

나는 뛸 듯이 기뻤지만 애써 태연하게 대답했다.

"이번 주 토요일 오후 2시에 강남에서 모임이 있는데 나오실 수 있나요?"

"네? 그럼 저를 받아주시는 건가요?"

"회장님 부탁도 있고 해서 일단 임시 회원으로 받아들이기로 했어요. 괜찮으시죠?"

"저야 임시 회원도 감지덕지요. 감사합니다."

"이번 주 스터디 주제는 문자 멘트, 전화 멘트인데 처음이니 너무 부담 갖지 말고 오세요.”

성혜 누나가 부드럽게 말했다. 얼굴만큼이나 목소리도, 마음씨도 고운 여자였다.

“아닙니다. 열심히 공부해서 나가겠습니다.”

나는 자신 있게 대답하고 전화를 끊었다. 협회 홈페이지에 문자 멘트, 전화 멘트에 대해 나와 있을 줄 알았던 것이다. 그러나 아니었다. 스마트폰으로 인터넷에 접속해 협회 홈페이지에 들어가 샅샅이 뒤져봤지만 보이지 않았다.

어쩔 수 없지 뭐. 성혜 누나 말대로 모임에 처음 참석하는 것 아닌가. 이번엔 분위기만 익힌다는 생각으로 나가자.

나는 그렇게 마음먹고 부지런히 남아 있는 전단지를 나눠주었다.

성혜 누나의 전화가 내게는 행운을 가져다준 것일까. 다음 날부터 전단지를 보고 걸었다는 전화가 급격히 늘어났다. 하지만 원하는 차의 가격만 물어볼 뿐 좀처럼 구매 의사를 보이지 않았다. 토요일까지 서른 통 넘는 전화를 받았는데 실제로 판 것은 투산과 스펙트라 두 대뿐이었다.

그래도 지난달 실적을 이번 달에는 5일 만에 달성했으니 절반의 성공은 거둔 셈 아닌가.

나는 스스로를 위로하며 희망을 불어넣었다.

앞으로는 더 나아질 거야. 그럴 거야. 반드시!

다음 날 스터디 모음에 나가 그 얘기를 하니 모두들 크게 웃으며 고개를 끄덕였다.

"나도 최고 씨와 비슷한 경험을 했어요. 그래서 오늘 스터디 주제를 문자 멘트, 전화 멘트로 잡은 겁니다."

이준석이 말했다. 뒤이어 성혜 누나도, 다니던 대학에 휴학계를 내고 네일아트 숍을 돌아다니면서 제품을 납품하는 일을 하고 있는 김기현도 자신의 경험담을 들려주었다.

그러고 나자 자연스럽게 그들과 나 사이에 '우리는 같은 영업인'이라는 동지 의식이 형성되었다. 그랬다. 그들과 나는 영업인이었다. 비록 업종은 다르지만 고객에게 자신이 취급하는 제품을 파는 일을 하는 것만은 같았다.

"고객의 방문을 유도하기 위해 문자를 보내거나 전화를 하는데 대부분 방문까지 잘 이어지지 않지요. 왜 그럴까요? 오늘은 먼저 그 이유를 찾고, 고객이 나를 찾아오도록 만드는 방법에 대해 공부하도록 하겠습니다. 그것이 바로 문자 멘트와 전화 멘트의 핵심이니까요. 자, 이제 시작해 볼까요?"

이준석이 미소를 지으며 우리를 둘러보았다.

"네."

우리는 초등학생들처럼 해맑게 대답했다.

효율적인 문자 멘트와 전화 멘트로 영업능력을 높여라

본 강의 노트의 동영상 강의

무작정 전단지를 나눠주기만 했던 최고가 이제 고객의 눈길을 끄는 전단지 만드는 방법도 알게 되었고, 어디서 나눠줘야 효과적인지도 알게 되었습니다. 그러나 그것만으로는 판매가 활발히 이루어지지 않습니다.

고객이 전단지를 보고 전화를 걸었을 때 판매로까지 이어지게 하려면 어떻게 해야 할까요? 당연히 고객의 마음을 움직일 수 있는 멘트를 던져야겠지요? 그것이 바로 전화 멘트입니다.

전단지 만드는 방법은 1편 강의 4에 자세히 나와 있으니 참고하시고, 이번 시간에는 문자 멘트와 전화 멘트에 대해 강의하도록 하겠습니다.

문자 멘트로 고객의 호응을 이끌어내라

영업인이라면 고객을 만나기 전에 반드시 해야 할 일이 있습니다. 문자나 전화 혹은 이메일로 고객에게 미리 연락을 취해 언제 어디서 만날지 정해야 한다는 것입니다. 사전에 약속을 하지 않고 고객을 만나기란 참으로 어려운 일이니까요.

여러 고객들이 상담 신청을 해오는 데도 불구하고 실제로 고객과 상담하는 횟수가 적은 영업인들이 제법 있습니다. 그 이유가 뭘까요? 그것은 바로 사전에 고객에게 연락해서 약속을 잡지 않았기 때문입니다.

그런데 사전 연락은 무조건 전화로 해야 한다고 생각하는 사람들이 있습니다. 그들은 직접 고객의 목소리를 들으며 대화하고, 언제 어디서 만날지 확실히 정해야 뒤탈이 없다고 말하지요. 물론 일리 있는 이야기입니다. 하지만 20대 여성의 경우 전화 통화를 부담스러워하는 분들도 있다는 것을 아셔야 합니다. 따라서 주 고객이 20대 여성이라면 문자를 보내는 것이 더 효과적일 수 있습니다. 반면에 나이 지긋하신 분들은 문자를 아무리 많이 보내도 잘 확인하지 않지요. 다시 말해 주 고객의 연령층에 따라 사전 연락 방법을 달리해야 한다는 뜻입니다.

문자 멘트의 용도로는 크게 세 가지가 있습니다. 문자를 이용해 판매까지 성사시키는 세일즈용이 있고, 미팅 약속을 확정짓는 전화 멘트 대체용이 있고, 전화를 쉽게 걸 수 있도록 해주는 전화 멘트 보조용이 있습니다. 이중에서 세일즈용은 모든 상품에 적용하기 어려우니 생략하고 전화 멘트 대체용과 전화 멘트 보조용에 대해서 알아보도록 하지요.

　그럼 먼저 전화 멘트 대체용부터 살펴보도록 하겠습니다. 지금 보고 계시는 그림은 실제로 제가 젊은 여성분들에게 면 생리대를 판매할 당시 고객에게 보냈던 문자인데 여러분이 쉽게 이해할 수 있도록 최신 스마트폰 버전으로 옮긴 것입니다. 그림 위에 적힌 숫자 1, 2, 3 순서대로 읽으시면 됩니다.

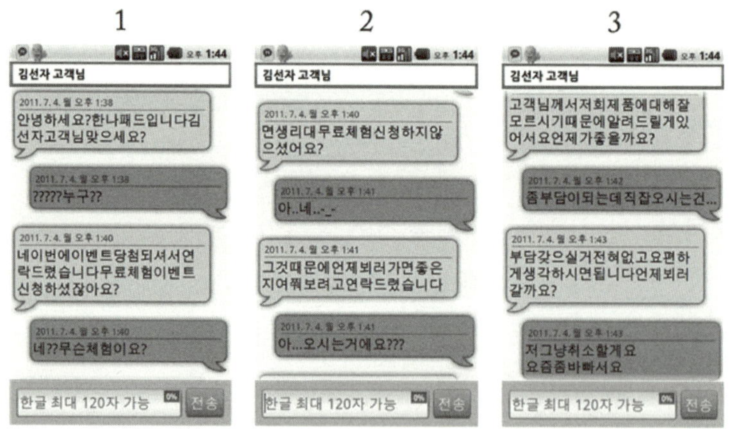

　다 읽으셨나요? 어떠세요? 어느 부분이 잘됐고 어느 부분이 잘못되었는지 아시겠어요? 대체 무엇 때문에 고객이 튕겨 나갔을까요? 자, 이제부터 잘못된 점을 하나하나 체크해 보겠습니다.

- 1번 첫 번째 문자부터 잘못되었군요. 회사 이름을 밝힌 것이 실수입니다. 왜냐하면 고객들은 샘플을 신청했든 상담을 신청했든 신청하고 난 후에는 쉽게 잊어버리기 때문이지요. 신청한 기억은 있지만 회사 이름까지 기억하진 못합니다. 고객이 기억해 줄 거라는 기대를 하셨다면 지금 당장 그 기대를 버리십시오. 영업인들은 항상 고객 입장에 서서 생각해야 하니까요.

- 1번의 두 번째 문자도 마찬가지입니다. 첫 문자를 잘못 보낸 덕분에 래포도 상당히 떨어져 있는 상태에서 고객이 구체적으로 알지 못하는 이야기를 덧붙여 지속적으로 위화감(?)을 조성하고 있네요.

- 2번 문자들을 보면 갈수록 태산이라는 생각이 듭니다. 고객에게 따지고, '네가 무료체험을 신청했으니 나는 너를 만나러 가야겠다.'는 식으로 협박(?)하고 있네요. 나를 만나면 어떤 메리트가 생기는지에 대해서 먼저 설명하고 기대하게 만들어야 하는데 억지로 밀어붙인다는 느낌이 드는군요.

- 3번 문자들은 막무가내의 결정판이라고 할 수 있습니다. 고객이 거절의 의사를 보이는 데도 아랑곳하지 않고 본인 할 말만

계속하고 있으니까요. 이런 식으로 문자를 보내는 영업인을 어느 누가 만나주겠습니까?

가장 좋은 방법은 고객이 여러분의 방문 요청을 흔쾌히 받아들일 수 있도록 그럴듯한 명분을 내세우고, 여러분이 방문하면 자신에게 이득이 있을 거라는 판단을 하도록 만드는 것입니다. 즉 고객이 여러분의 방문을 원하도록 유도하는 것이죠.

일반적으로 문자보다는 전화를 하는 것이 상담 약속을 잡을 확률이 높다고 합니다. 하지만 제 경우 문자든 전화든 별 차이가 없더군요. 특히 게릴라성 이벤트를 기획해서 빠른 시간 안에 많은 분들에게 연락을 해야 할 경우에는 문자를 보내는 것이 전화를 하는 것보다 효율적입니다.

그럼 이번에는 고객들의 관심을 끄는 문자 멘트를 보내는 방법에 대해 알아보도록 하지요.

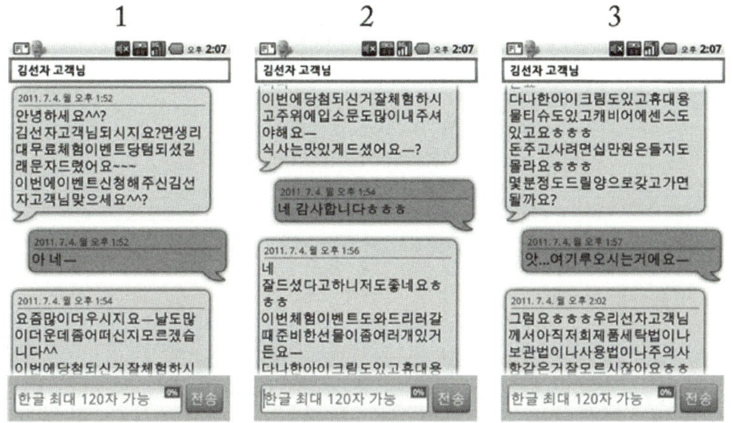

● 1번 첫 번째 문자를 보면 문자를 보내는 이유와 명분이 잘 나타나 있지요. 따라서 누가 봐도 스팸성 문자가 아니라는 것을 알 수 있습니다. 또한 1번의 모든 문자들을 자세히 살펴보면 대부분 상대방이 부드럽게 수긍하고 넘어갈 수밖에 없는 말들로 이루어져 있음을 알 수 있습니다. 이처럼 상대방이 "No." 라는 대답을 할 수 없도록 지속적으로 페이싱을 하는 것이 좋습니다.

● 2번 문자들을 분석해 봐도 마찬가지입니다. 모두 페이싱의 연속이지요. 그리고 주변에 입소문을 많이 내달라는 부탁을 하고 있는데, 이 말에는 무료체험이라는 전제가 깔려 있지요. 그

러고 나서 무료체험 이벤트를 도와드리러 방문하겠다는 이야기를 꺼내지요. 그런데 그 방식이 앞서 예로 든 잘못된 문자 멘트와는 사뭇 다릅니다. 2번의 두 번째 문자와 3번의 첫 번째 문자를 보세요. 나를 만나면 '제품을 구매해야 한다.'는 심리적인 부담감보다는 '선물을 듬뿍 받을 수 있다.'는 기대감을 안겨주고 있지요.

사실 고객에게 전하려는 내용은 같습니다. 방문하겠다는 것이죠. 하지만 어떻게 표현하느냐에 따라 고객들이 느끼는 감정도 부담감 혹은 호감으로 달라질 겁니다.

우리가 고객에게 문자를 보내는 이유는 방문을 위한 명분이 필요해서입니다. 그러니 원하는 결과를 얻어내야죠. 그러려면 고객과의 래포를 높이고, 부드러운 승낙을 이끌어낼 수 있도록 멘트를 구성해야 합니다. 그리고 고객에게도 영업사원의 방문을 허락하는 명분을 주어야 합니다.

명분은 아주 중요합니다. 물건을 구매하기 위해서는 명분이 필요하지요. 제품의 효능이 뛰어나다는 것뿐만 아니라 오늘 구입하면 30% 할인된 가격에 살 수 있다거나 무이자 10개월 혜택을 받을 수 있다는 등 구매를 정당화할 수 있는 명분이 주어진다면 고객들은 쉽게 지갑을 열 겁니다.

● 3번의 두 번째 문자를 보면 '우리 선자 고객님' 이라는 표현이
나옵니다. 고객을 편하게 대하려고 일부러 성을 뺀 것이죠. 만
약에 제가 여자였다면 '제가', '저도' 라는 단어 대신에 '언니
가', '언니도' 라는 단어를 썼을 겁니다. 그러면서 나중에 슬
그머니 반말로 '언니가 그날 친구들 것까지 10명의 선물을 더
갖고 가면 되지?' 라고 말하면 상대는 여러분을 더 친근하게 느
낄 수도 있습니다. 저는 남자이니 오빠라는 단어를 사용하면
어떻겠느냐고요? 사실 그러기에는 부담스러운 상황이지요. 여
자와 남자는 달라서 상대방이 불쾌하게 여길 수도 있거든요.

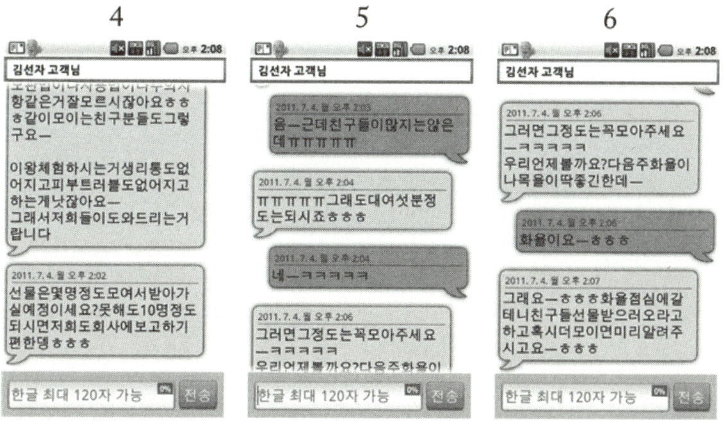

● 3번과 4번의 문자나 앞서 예로 든 잘못된 문자나 같은 이야기
를 하고 있습니다. 고객을 방문하겠다는 것이죠. 그러나 두 문

자를 비교해 보면 지금 예로 든 문자가 보다 더 친근하고 부드러워 상대방이 편하게 받아들인다는 점이 다릅니다.

'어디로 가야 하느냐?'고 묻기보다는 '선물을 얼마나 갖고 가야 하느냐?'고 물어 고객에게 부담을 주지 않으며 방문을 언급하고 있습니다. 그런 다음 방문에 대한 명분을 세우고 페이싱을 한 후 '선물은 몇 분 분량을 준비해야 하는지'를 재차 묻습니다. 이때도 상대가 지나치다고 느낄 수 있는 요구를 장난스럽게 던져 호응을 이끌어내고 있지요. 그 후에도 물 흐르듯 자연스럽게 대화를 이끌어가다 산뜻하게 마무리를 지었습니다.

● 혹시 문자 사이사이에 보이는 ㅡ, ㅠㅠㅠㅠㅠ, ㅋㅋㅋㅋㅋㅋ, ㅎㅎㅎ 등의 존재 이유에 대해 알고 계시나요? 이는 백트래킹의 일종입니다.

웃음을 표시하는 방법에도 여러 가지가 있습니다. ^^도 있고, :)도 있지요. ㅎㅎㅎ도 있고, ㅋㅋㅋ도 있습니다. ㅎ 하나만 쓰기도 하고, ㅋㅋㅋㅋㅋㅋㅋㅋㅋㅋㅋㅋㅋㅋ과 같이 ㅋ만 계속 찍기도 하죠. 이 모든 것이 백트래킹입니다. 흘러가는 분위기를 잘 살펴보고 있다가 상황에 맞춰 잘 사용하면 긍정적인 효과를 얻을 수 있습니다.

문자 멘트 용어 설명

래포rapport : 두 사람 이상의 관계에서 발생하는 조화로운 일치감, 공감 적이며 상호 반응적인 상태를 나타내는 용어인데 여기서는 영업인과 고객과의 관계에서 느껴지는 친근함, 친숙함 등을 말한다. 래포가 높은 경우 서로 간에 신뢰할 만한 분위기, 편안한 분위기가 형성되지만 반대의 경우 상담이 매끄럽게 진행되지 못한다. 래포는 이 책에서 다루는 각종 테크닉을 통해 좀 더 빠르게 상승시킬 수 있다.

페이싱pacing : 보조pace를 맞춘다는 뜻으로 상대방과 마음, 행동, 몸짓, 말투, 말의 내용 등을 일치시킴으로써 상대의 마음을 부드럽게 여는 것을 의미한다. 여기에서는 상대방이 듣기에 편한 말, 듣고 싶은 말, 옳은 말, 반박할 필요가 없는 말을 하는 것을 '페이싱'이라고 표현했다.

백트래킹back tracking : 대화를 할 때 맞장구를 치며 핵심 내용을 반복해 주거나 따라해 주는 행위를 말한다. 동질감을 느끼게 하기 위한 수단으로 자주 사용되는데 고객들이 즐겨 사용하는 이모티콘이나 특수 문자 등을 똑같이 따라해 주는 것도 하나의 방법이다. 맞춤법과 띄어쓰기를 칼같이 지키는 고객과 문자를 주고받을 때는 영업인 역시 그대로 따르는 것이 좋다.

이제 전화 멘트 보조용을 살펴보도록 하죠.

고객들은 대부분 스스로 상담 신청을 한 경우에도 우리가 전화를 하면 스팸 전화가 걸려온 것처럼 받습니다. 이는 고객의 잘못이 아닙니다. 물론 우리 잘못도 아니죠. 처음 전화를 걸기 전에 어떠한 접촉도 없었기 때문에 고객 입장에서는 충분히 스팸으로 생각할 수 있습니다. 첫 단추가 잘못 끼워진 이런 상황에서는 당연히 대화를 풀어나가기 어렵습니다. 특별히 말주변이 없다거나 대화력이 부족해서 그런 것이 결코 아닙니다.

그럼 어떻게 해야 할까요? 방법은 두 가지가 있습니다. 첫째는 전화 멘트 스킬을 극대화하는 것이고, 둘째는 전화를 받게 될 고객들이 마음 편히 전화를 받을 수 있도록 문자를 활용하는 것입니다. 전화 멘트 스킬에 대해서는 나중에 설명하기로 하고, 지금은 멘트 실력을 키우는 것 외에 우리가 노력해야 할 부분, 바로 문자 멘트를 체크해 보도록 하죠.

누군가의 소개를 통해서든 홍보 전단지나 여타 광고를 통해서든 고객과 통화할 수 있는 연락처 DB가 여러분 손에 들어와 있다고 가정해 봅시다. 고객이 먼저 DB를 제공한 상태인 것이죠. 여러분은 전화를 걸기 전에 서로에게 부담을 덜 주는 문자를 보내 나중에 진행하게 될 전화 상담의 효율성을 높이려 합니다. 이런 경우 문자를 작성할 때 반드시 포함시켜야 할 요소가 있습니다.

문자 작성 시 필수요소 6가지

1. 답변이 쉽게 나올 수 있는 질문을 한다.

2. 고객이 먼저 상담 신청을 했기 때문에 연락했다는 것을 거듭 강조한다.

3. 아쉬운 쪽은 우리가 아니라 고객임을 인식시킨다.

4. 중간 중간에 대화를 부드럽게 이끌 수 있는 페이싱을 쓴다.

5. 나에게 왜 전화를 해야 하는지 이해시킨다.

6. 내 이름을 고객 휴대전화 전화부에 저장하게 하는 등의 지시를 덧붙인다. 예를 들어 '식사 맛있게 하세요.' '약속 잊어버리지 않게 꼭 메모해 두세요.' 등등 상황에 맞고 고객이 큰 부담을 갖지 않을 간단한 지시를 내림으로써 다음에 만났을 때, 혹은 전화할 때, 그리고 그 후에도 고객이 내 지시를 받아들일 가능성을 높인다.

　조만간 연락하겠다는 문자만 툭 보내놓고 느닷없이 전화해서는 결코 안 됩니다. 그런 전화는 고객 입장에서 볼 때 스팸 전화와 다를 바 없거든요. 서로 대화를 주고받을 수 있는 문자를 보내야 효과가 있지 짧게 한 번 문자를 보내놓고 전화를 하는 것은 아무런 효과가 없습니다.

다음에 보여드리는 그림은 잘못된 예를 들기 위해 제가 직접 비효율적인 문자를 써서 캡처한 것입니다. 보세요. 답변을 유도하는 내용은 찾아볼 수 없고, 자기 할 말만 툭툭 내던진 느낌이 들지요? 이런 문자를 보내고 나서 전화를 한다면 상대가 수신 거부 버튼을 누를지도 모릅니다.

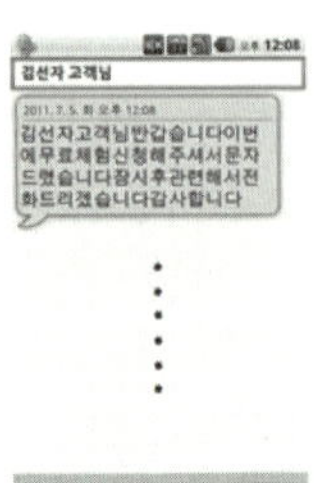

아무 호응 없이 대화가 단절되어서 그다음을 연결해 나가기가 매우 곤란한 상태.
이 상태에서는 전화를 해도 팅겨나갈 확률이 높다.

다음에 보여드리는 그림은 상대방의 호응을 이끌어낼 수 있는, 효율적인 내용의 문자를 캡처한 것입니다. 읽기 편하게 단락을 구분했고, 전체적으로 답변이 쉽게 나올 수 있도록 멘트를 구성했으니 앞서 보여드린 비효율적인 내용의 문자와 비교해 보시기 바랍니다.

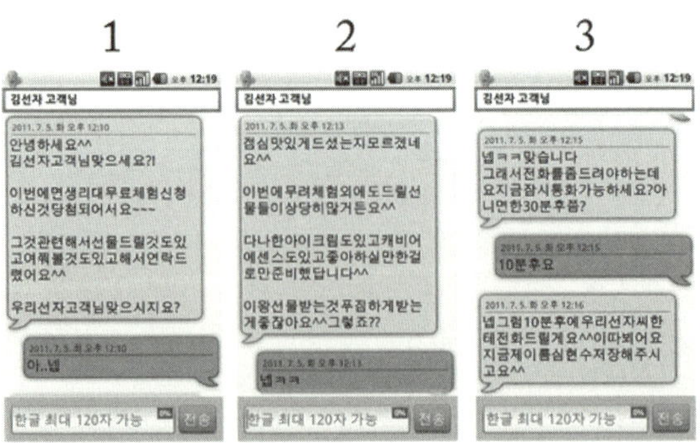

- 1번 문자에는 선물을 받을 것이라는 기대감을 부추기는 내용과 함께 쉽게 답변할 수 있는 질문이 들어 있습니다. 마지막에는 슬쩍 '우리 선자 고객님'이라는 표현을 써서 친근감을 높였지요.

- 2번 문자는 당연한 페이싱들로 고객들에게 "Yes."를 이끌어내고 있습니다.

- 그러더니 3번 문자에는 앞의 내용이 뒤의 내용의 이유나 근거, 원인, 조건 등이 될 때 쓰는 접속 부사 '그래서, 그러니까, 그렇기 때문에, 왜냐하면' 중에서 '그래서'를 사용했습니다. 지금 전화해야 하는 이유를 고객에게 알려준 것이지요. 다시 말해 고객이 선물을 받고 싶어하기 때문에 전화한다는 논리입니다. 물론 앞뒤가 맞지 않지만 자연스럽게 넘어갈 수 있기에 상관없습니다.

  그리고 마무리는 고객에게 가벼운 지시를 내리면서 짓습니다. 이 멘트는 다음에 만나거나 혹은 전화를 하거나 지시를 내렸을 때 받아들일 가능성을 높여주는 역할을 하고 있지요. 지시의 내용도 이름을 저장하라는 것으로 다음에 전화했을 때 팅김을 방지하기 위한 것입니다.

전화 멘트로 상담 약속을 확정하라

문자 멘트에 이어 전화 멘트까지, 이번 강의는 상당히 길군요. 그만큼 중요한 부분이니 집중해서 들으시길 바랍니다.

전화 멘트는 사실 가장 막막한 분야 중 하나입니다. 어떻게 하면 전화 통화를 통해 고객에게 강하게 어필할 수 있고, 상담 혹은 판매를 확정지을 수 있을까요?

제 주위에도 전화 울렁증이 있다는 분들이 꽤 있습니다. 고객을 직접 보고 이야기하면 자신 있다는 사람들도 전화로 이야기하면 왠지 모르게 기가 죽어 대화를 제대로 할 수 없다고 합니다. 그 이유가 뭘까요?

상대방이 눈앞에 있으면 말을 하지 않더라도 느낌을 통해, 움직임을 통해, 표정을 통해 서로 상대방이 지금 무슨 생각을 하고 있는지 알게 됩니다. 그리고 그것을 토대로 우리는 상황에 맞는 말과 행동으로 자신의 생각을 전달하게 되지요.

지난 수십 년간 우리는 자연스럽게 ‘대화’ 라고 하는 이러한 커뮤니케이션을 해왔습니다. 대인공포증이 있지 않는 이상 오랜 세월 해온 것이니만큼 굳이 전문가에게 배우지 않아도 어느 정도는 할 수 있습니다.

그런데 전화 통화는 다릅니다. 전화상으로는 상대가 무슨 생각을 하는지 알아내기 어렵습니다. 느낌도 불분명하고, 상대의 움직임이나 표정 등도 보지 못하기 때문이죠. 그러니 '어떻게든 되겠지.' 라는 생각으로 전화 버튼을 누르기는 하지만 막상 고객과 통화를 하다 보면 위축되고 말문이 막힐 수밖에 없는 것이죠. 따라서 체계적인 준비를 하지 않으면 대화의 흐름을 주도적으로 이끌어가기 어렵습니다.

그럼 어떻게 해야 제대로 된 전화 멘트를 구사할 수 있을까요?
우선 전화 통화를 통해 얻고자 하는 바가 무엇인지, 다시 말해 판매를 할 것인지, 상담 약속을 굳건하게 확정할 것인지 분명히 해야 합니다. 그에 따라서 전화 멘트의 흐름과 마무리가 달라지기 때문입니다.

영업인이 전화를 거는 이유는 대부분 고객과의 상담 약속을 확정짓기 위해서라고 할 수 있습니다. 판매를 위해 전화를 거는 경우에는 상담을 위한 전화 멘트 중에서 개입질문을 강화하여 고객의 니즈가 올라온 후 상품 설명을 하고 클로징을 시작하면 됩니다.
이 부분은 나중에 더 자세히 설명하도록 하고, 이제부터 상담 약속을 확정짓기 위해 필요한 효율적인 전화 멘트의 뼈대를 알아보겠습니다. 주의할 점은 여러분이 취급하는 제품의 스펙을 얘기한다거나 혹은 가격을 미리 알려주는 멘트는 절대 해서는 안 된다는 것입니다!

제품에 대한 설명은 직접 만나서 고객의 니즈를 충분히 끌어올린 후에 하는 것이고, 가격은 계약서를 작성하기 직전에 제품에 대한 메리트를 충분히 느끼게 해준 상태에서 알려주는 것이 좋습니다.

탁월한 효과를 보장하는 효율적인 전화 멘트

고객과의 전화 상담에서 좋은 결과를 얻기 위해서는 멘트에 다음과 같은 내용이 반드시 들어가야 합니다.

그 첫 번째는 간단한 인사입니다.

인사는 "반갑습니다.", "안녕하세요."로 시작할 수도 있고 그때그때 상황에 맞게 "날씨가 정말 화창하네요.", "요즘 비가 너무 많이 내리지요." 등 적당히 페이싱을 할 수도 있습니다.

두 번째는 고객의 이름을 확인하는 과정을 통해 스팸 전화가 아님을 알리는 것입니다.

이 부분은 아주 중요합니다. 요즘에는 대출회사나 통신회사 등에서 시도 때도 없이 문자를 보내고, 전화를 겁니다. 때문에 고객과 처음 전화 통화를 할 때 자칫 잘못하면 스팸 전화로 오해받아 피땀

흘려가며 전단지를 뿌리고, 광고를 해서 얻게 된 고객 DB가 날아갈 수도 있습니다. 내가 건 전화가 성가신 스팸 전화가 아니라는 것을 고객이 알게 하기 위해서는 고객의 이름을 확인하고, 정확하게 건 전화라는 사실을 인식시켜야 합니다. 이와 비슷한 목적으로 문자 멘트가 사용되기도 하지요.

세 번째는 고객이 먼저 요청해서 전화했다는 것을 인식시키는 것입니다.

대부분 먼저 전화를 건 사람이 상대적으로 아쉬운 쪽, 즉 '을'의 입장이 되기 마련이지요. 그렇다면 고객으로 하여금 아쉬움을 느끼게 해서 먼저 전화를 걸게 하면 어떨까요? 이 문제는 문자가 어느 정도 해결해 줄 수 있을 겁니다. 그리고 먼저 전화를 걸었을 때는 초기에 기선을 잡아야 합니다. 그래야 고객이 여러분을 가볍게 여기지 않을 테니까요. 그러기 위해서는 고객의 요청에 의해 전화를 했다는 것을 밝히고, 그 부분을 인정받아야 합니다.

네 번째는 잠깐 통화가 가능한지에 대해 확답을 받아내는 것입니다.

대면 세일즈를 할 때 급하다고 서서 얘기하는 것만큼 볼품없는 행동도 없습니다. 전화의 경우 자기 할 말만 해버리고 끊는 것만큼 우스운 짓도 없을 겁니다. 상담을 차분히 이끌어가기 위해서 여러분이 해야 할 일은 바로 통화 가능 여부에 대한 확답을 받아내는 것입니다. 그래야 보다 적극적으로 고객이 대화에 참여하게 되고, 통화가 다소 길어져도 튕겨나가지 않게 됩니다.

다섯 번째는 적당한 페이싱으로 질문해도 좋다는 동의를 얻어내는 것입니다.

고객과 통화할 수 있는 시간이 확보되었다면 그 기세를 몰아서 질문을 해도 좋다는 동의를 얻어내야 합니다. 그래야 잠시 후에 시작할 개입질문에 적극적으로 고객을 끌어들일 수 있습니다. 동의를 얻지 못하고 개입질문을 시작하게 되면 통화시간이 길어지는 것에 대해 고객이 거부감을 느낄 수 있거든요.

여기서 주의할 점은 하나의 요청을 수락받자마자 곧바로 또 다른 요청을 하게 되면 이 또한 고객이 거부감을 느낄 수 있다는 것입니다. 때문에 고객이 듣고 싶어하는 말, 당연한 말 등을 던지면서 그 다음 단계로 넘어가야 합니다.

여섯 번째는 개입질문을 던지는 것입니다.

이는 고객 스스로 자신이 원하는 것이 무엇인지를 다시 한 번 느낄 수 있게 유도질문을 던지면서 문제를 해결하기 위해서는 여러분을 만나야 한다는 생각이 들게끔 하는 과정입니다.

일곱 번째는 비교·가정·분해·전제·격려·유도 등으로 상담 날짜를 확정하는 것입니다.

이는 전화 통화의 최종 목표인 상담 약속을 확정하기 위한 멘트 방법입니다. 이것으로 전화 멘트는 마무리되지요. 전화 통화를 통해 제품을 판매하시는 분들의 경우 6번을 충실히 하고 나서 거절예방을 위해 가치·결정·시도를 체크하는 질문을 마치고, 고객 니즈가 상당히 올라온 후 상품 설명을 하고 7번을 통해 마무리를 하면 됩니다. 가치·결정·시도에 대해서는 나중에 자세히 설명하도록 하겠습니다.

전화 멘트에 꼭 들어가야 할 내용

1. 간단한 인사

2. 고객 이름 확인 과정 통해 스팸 전화가 아님을 알리기

3. 고객이 먼저 요청해서 전화했다는 것 인식시키기

4. 잠깐 통화가 가능한지에 대해 확답받기

5. 적당한 페이싱으로 질문해도 좋다는 동의받기

6. 개입질문하기

7. 비교·가정·분해·전제·격려·유도 등 6단계로 상담 날짜 확정

그럼 각각의 단계별로 어떤 멘트가 있는지 실제 사례를 통해 알아보도록 하지요.

먼저 막막한 상태에서 무턱대고 전화했을 때의 내용을 살펴보겠습니다.

- 영업인 안녕하세요? 김선자 고객님이세요?

- 고객 네, 누구세요?

- 영업인 네~ 여기는 정우식품입니다.

- 고객 어디라고요?

- 영업인 정·우·식·품입니다.

- 고객 거기가 뭐 하는 덴데요?

- 영업인 유기농 우렁이농법으로 현미를 발효시켜서 장에 좋은 제품을 제조하고 있는, 왕송호수 옆에 위치한….

- 고객 죄송한데요, 지금 좀 바빠서요. 다음에 전화 주세요.

대부분은 이런 식으로 대화가 진행되지요. 앞에서 말했듯이 고객이 여러분 회사에서 하는 이벤트에 참여 신청을 했다고 해도 여러분 회사의 이름이나 제품명을 기억하고 있을 확률은 낮습니다. 기억을 해도 신청했을 당시만큼 니즈가 충분하지 않으니까요.

그럼 어떻게 대화를 진행해야 효율적일까요?

다음 대화를 살펴보도록 하겠습니다.

- **영업인** 안녕하세요? 김선자 고객님 맞으시지요? 지난 월요일에 무료체험 이벤트를 신청하셔서 연락드렸습니다. 발효현미 버섯체험 이벤트 신청하셔서 당첨되셨는데 그때 이벤트 신청하신 거 맞으시지요?
- **고객** 아… 네.
- **영업인** 요즘 날씨가 너무 변덕스럽네요. 갑자기 비도 오고 덥기도 하고. 지금 잠깐 통화 가능하시지요?
- **고객** 네.
- **영업인** 네~ 그래도 우리 김선자 고객님께서 저희 제품 무료체험하시면서 이왕이면 아침에 시원하게 변을 보실 수도 있고, 다이어트도 되고, 소화가 잘되어서 속이 편해지고 훨씬 효과를 보고 그러면 더 낫잖아요~. 그죠?
- **고객** 당연하죠.
- **영업인** 사람에 따라서 변비에 먼저 효과 보시는 분도 계시고, 다이어트에 효과가 바로 나오시는 분들도 계시고 하거든요. 어차피 체험해 보는 것 잘 드셔보시고 만족하면서 정말 효과도 좋고 하면 나중에라도 또다시 저희 찾아주실 수도 있고 그런

- **고객** 네.

- **영업인** 그래서 우리 선자 고객님께 체험기간에 더 도와드릴 수 있는 것들에 대해서 챙겨드릴 거 더 챙겨드리려고 연락드린 거예요. 일단 제가 우리 선자 고객님께 대해서 좀 알아야 하니까 몇 가지 여쭤볼게요. 대답 잘해 주셔야 해요. 아시겠죠?

- **고객** 네.

- **영업인** 개입질문 및 마무리 시작(다음 강의 참조)

이와 같은 흐름으로 진행해서 마무리하면 됩니다.

전화 통화는 미리 전체적인 흐름을 머릿속에 담아두고 그에 맞게 이끌어가야 합니다. 대화라고 하는 것이 변수가 있기 마련이지만 큰 흐름을 명확히 인지하고, 그에 맞춰 가면서 유도하면 어김없이 상담 약속을 잡을 수 있습니다.

이외에도 여러분이 알아야 할 것은 목소리를 여유 있게 내는 법, 완급을 조절하는 법, 그리고 적당한 백트래킹입니다. 여러분도 여유가 있어 보이면서 여러분의 말에 잘 호응해 주는 사람에게 친근감과 신뢰감을 느낄 것입니다. 마찬가지로 여러분도 고객을 대할

때 여유 있으면서도 밝고 쾌활한 분위기로 맞장구를 잘 쳐주면서
미리 짜놓은 흐름대로 대화를 이끌어가야 원하는 대답을 얻으실 수
있습니다.

PART

V

아픔이
지나가면
즐거움이
찾아온다

이윽고 성혜 누나가 강의를 마치고 세일즈를 시작했다. 그때 놀라운 일이 벌어졌다. 불과 10분 만에 100만 원이 넘는 마사지 기계 3대와 300만 원어치의 화장품을 판 것이었다.

단 1시간 만에 100만 원이 넘는 마사지 기계 3대와 화장품을 팔아 총 600만 원의 매출을 올리다니, 성혜 누나는 참 대단한 여자다. 외모도 남다르지만 세일즈 능력 또한 남다른 것 같다. 부럽다.

스터디 모임에서 배웠던 문자 멘트와 전화 멘트를 적극 활용한 결과 이전과는 비교할 수 없을 정도로 많은 상담 약속이 잡혔고, 판매도 이전보다 훨씬 더 수월하게 이루어졌다. 신기했다.

나는 새삼 배움의 중요성을 깨달았다. 무턱대고, 마구잡이식으로 영업을 하는 것은 멍청한 짓이었다.

어제 나는 오전 11시에 강남역 근처 커피숍에서 고객과 만나 상담을 하고 성혜 누나에게 전화를 걸었다. 사무실에 있으면 같이 점심이나 먹자고 해볼 생각이었다. 작년 12월, 크리스마스이브에 함께 영화를 보자는 전화는 결국 하지 못했다. 거절당할 것이 두려웠기 때문이다. 거절당하면 다시는 볼 수 없을 것 같았기 때문이다. 하지만 마침 성혜 누나가 일하는 사무실 근처에 있는데 약속 없으면 점심 한 끼 정도야 먹자고 할 수 있는 일 아닌가.

"어, 최고구나. 마침 전화 잘했다."

성혜 누나는 내 전화를 받자마자 대뜸 말했다.

전화 잘했다고? 무슨 의미일까? 내 전화를 기다리고 있었던 것일까?

나는 두근거리는 마음을 가라앉히고 물었다.

"저, 누님 사무실 근처에 있는데 아직 점심식사 안 하셨죠?"

"미안한데 어떡하지. 선약이 있어. 점심은 다음에 먹기로 하고 너 내일 아침에 뭐 해?"

"내일 아침이요? 특별한 일은 없는데요."

"잘됐다. 내일 아침에 우리 사무실에 와서 화장품 좀 날라주지 않을래? 이준석 선배 소개로 한국생명 송파 지점장님을 소개받았는데 내일 아침에 송파지점으로 와서 조회 후에 30분 정도 FC들 대상으로 강의를 해달라고 하지 뭐야. 네가 나 좀 도와줘야겠다."

"그러죠 뭐."

나는 흔쾌히 승낙했다. 그러나 이준석 선배가 소개했다는 말이 왠지 마음에 걸렸다.

"고맙다, 최고. 8시까지 우리 사무실로 와줘."

"네. 내일 뵐게요."

"그래. 일 끝나고 맛있는 거 사줄게."

성혜 누나는 마치 어린애한테 하듯 말하고 전화를 끊었다. 겨우 두 살 차인데 어린애 취급하는 성혜 누나가 못마땅했다.

나는 터덜터덜 강남역으로 걸어가 전철을 탔다.

이준석이 성혜 누나를 좋아한다는 것쯤은 이미 짐작하고 있었다. 성혜 누나를 대하는 이준석의 태도나 말투, 표정, 눈빛을 보면 알 수 있는 일이었다. 그런데 성혜 누나도 이준석을 좋아하는 걸까? 성혜 누나가 나보다 두 살 위이고, 이준석이 나보다 여섯 살 위니까 두 사람은 네 살 차이가 난다. 이런. 네 살 차이는 궁합도 보지 않는다는데…. 더군다나 여자 입장에서야 아무래도 연하보다는 연상이 낫겠지. …아니야. 요새는 여자 쪽이 나이가 많은 커플도 흔해. … 그만하자. 골치 아프다.

나는 좀처럼 머릿속을 떠나지 않은 성혜 누나와 이준석의 얼굴을 내보내려고 세차게 고개를 저었다. 하지만 두 사람이 다정하게 함께 있는 모습이 내내 머릿속을 빠져나가지 않았다. 괴로웠다.

다음 날 나는 시간 맞춰 성혜 누나 사무실로 갔다.

"일찍 왔네."

성혜 누나가 반갑게 말을 걸었다.

"저것들인가요? 차에 실을게?"

나는 사무실 한쪽 구석에 쌓여 있는 마사지 기계와 화장품들을 가리키며 물었다.

"응. 좀 많지?"

"보험설계사들이 몇 명이나 되는데요?"

"30명 정도 되나 봐."

"대단하세요, 누나."

"대단하긴 뭘."

성혜 누나가 자랑하듯 어깨를 으쓱해 보였다. 그 모습이 참 귀여웠다.

"일단 짐부터 나를게요."

나는 웃옷을 벗고 마사지 기계와 화장품을 성혜 누나 차에 실었다.

"다 된 것 같네. 타."

성혜 누나가 사무실에 벗어놓은 내 웃옷을 들고 나와 내게 건네며 말했다. 나는 웃옷을 입고 조수석에 올랐다. 성혜 누나는 내비게이션에 주소를 찍고 천천히 차를 몰았다. 송파 지점에 도착한 시간은 8시 50분.

"출근시간이라 많이 막힐 줄 알았는데 다행이다."

우리는 차에서 내려 함께 사무실로 올라갔다.

"안녕하세요, 문성혜입니다."

사무실 문을 열고 들어선 성혜 누나는 지점장에게 다가가 씩씩하게 인사를 했다.

"어서 오세요. 반갑습니다. 조회는 9시에 시작해서 9시 30분에 끝나니까 좀 기다리셔야겠네요."

"네. 그동안 저희는 물건 좀 옮겨놓을게요."

"그러세요. 전 조회시간이 다 돼서 이만 들어가 보겠습니다."

지점장은 가볍게 고개를 숙여 보이고 회의실로 들어갔다. 나는 성혜 누나에게 키를 받아서 차에 있는 물건들을 사무실로 옮겨놓았다.

"오늘 수고 많네. 커피 한잔 할까?"

"좋죠."

우리는 함께 휴게실로 가서 자판기 커피를 뽑아 마셨다.

"처음 사람들 앞에서 강의하신 게 언제예요?"

"작년 초니까 1년쯤 됐네."

"처음부터 잘하셨나요?"

"그럴 리가 있니. 처음에는 내가 무슨 말을 하고 있는지 모를 정도로 떨었지. 두 번째는 좀 낫더라. 세 번째는 더 낫고. 할수록 느는 것 같아."

"부럽네요."

"부럽긴. 이따 내가 하는 것 잘 봐. 배울 점이 있을 거야."

“당근이죠.”

우리는 커피를 마시고 다시 사무실로 들어갔다. 잠시 후 조회가 끝났는지 지점장이 회의실에서 나왔다.

“많이 기다리셨죠? 들어가 보세요.”

“네. 고맙습니다.”

성혜 누나는 나에게 따라오라는 눈짓을 하고 회의실 쪽으로 걸어 갔다. 나는 천천히 성혜 누나를 따라갔다.

“안녕하세요, 문성혜입니다.”

자신 있게 회의실 문을 열고 들어간 성혜 누나가 맑고 큰 소리로 사람들에게 인사를 했다.

“제가 근무하는 회사 이름이 대한화장품이고, 여러분들은 한국생 명에 근무하시니 우린 자랑스러운 대한의 딸들이네요.”

성혜 누나가 말하자 작은 웃음이 회의실 안에 퍼졌다. 나는 서둘 러 밖으로 나와 사무실에 쌓아놓은 물건들을 회의실로 옮겨놓고 다 시 나왔다. 여자들만 있어서 회의실에 있기가 민망했기 때문이었다.

나는 창문 너머로 성혜 누나가 강의하는 모습을 지켜보았다. 성 혜 누나는 다양한 제스처를 써가며 자연스럽게 말을 이어갔다. 때 로는 질문을 던지기도 했고, 자신의 질문에 손을 들고 대답한 사람 에게 작은 선물을 주기도 했다. 간간히 큰 웃음소리가 회의실 밖으 로 새어나왔다. 대체 무슨 말을 했기에 사람들이 웃는 것인지 궁금했다.

이윽고 성혜 누나가 강의를 마치고 세일즈를 시작했다. 그때 놀라운 일이 벌어졌다. 불과 10분 만에 100만 원이 넘는 마사지 기계 3대와 300만 원어치의 화장품을 판 것이었다.

"뭐예요? 사람들에게 최면이라도 건 거예요?"

나는 얼마 남지 않은 화장품을 다시 차에 실고 돌아오는 길에 성혜 누나에게 물었다.

"최면? 나 그런 거 할 줄 몰라."

성혜 누나가 웃으며 대답했다.

"전 정말 깜짝 놀랐어요. 어떻게 그 짧은 시간에 600만 원이 넘는 매출을 올릴 수 있는 거죠?"

"왜, 궁금하니?"

"당근이죠."

"그러게 들어와서 내가 어떻게 하는지 보고 들으라니까."

"남자라고는 나 혼잔데 어떻게요."

"부끄러움은 잠시야. 그때만 넘기면 지나가. 하지만 영업 노하우는 한 번 배워두면 오래 써먹을 수 있지."

"그렇지 않아도 마구 후회하고 있는 중입니다. 다음엔 누님 강의 꼭 들을 테니 꼭 다시 절 불러주세요. 저를 마음껏 누님 짐꾼으로 부려먹으세요."

“정말이니?”

“그럼요.”

“좋았어. 오늘 최고가 내 짐꾼된 기념으로 점심은 호텔 뷔페에서 쏜다.”

“아이고, 감사합니다. 누님.”

나는 마치 하인처럼 머리를 조아리며 공손히 말했다. 운전을 하느라 앞을 바라보고 있던 성혜 누나가 고개를 돌려 나를 쳐다보았다. 눈이 마주쳤다. 순간 나도 모르게 웃음보가 터졌다. 성혜 누나도 그런 나를 보며 크게 웃었다. 웃음은 오래도록 멈추지 않았다. 성혜 누나가 환하게 웃는 모습을 보니 기뻤다. 아픔의 시간이 지나가면 즐거움의 시간이 찾아오는 모양이었다.

한 번에 여러 고객을 상대로 영업하라

본 강의 노트의 동영상 강의

최고는 부끄러움 때문에 회의실에 들어가지 못하고, 성혜 누나의 강의도 듣지 못합니다. 물론 다음번에는 반드시 듣겠지요. 여러분에게 묻겠습니다. 소설 속에서 성혜 누나가 한 것이 무엇일까요? 맞습니다. 바로 그룹 세일즈입니다.

다시 묻겠습니다. 가장 빠르게, 가장 많은 매출을 올릴 수 있는 영업방법이 있다고 생각하십니까? 있다면 어떤 것일까요? 큰돈을 들여서 광고를 하고, 광고를 보고 찾아온 손님에게 물건을 파는 것? 하지만 이 방법은 많은 돈이 있어야만 할 수 있습니다. 남들과 같은 시간, 같은 액수의 돈을 투자해서 남들보다 몇 배의 실적을 올리기 위해 할 수 있는 방법에는 어떤 것들이 있을까요?

혹시 주변에서 1대1 영업은 지양하고 1대 다수의 영업을 통해서 한 번에 많은 매출을 올리는 분들을 보신 적이 있나요? 지금 저는 하나의 거래처를 뚫어서 싼값에 많은 양의 상품을 판매하는 영업을 말하는 것이 아닙니다. 소비자 한 명 한 명에게 제대로 된 값을 받고 판매하여 큰 매출을 올리는 영업을 말하는 것입니다.

그것이 바로 그룹 세일즈입니다. 업종에 따라 홈 강의 · 홈 파티 · 교바이 · 노바이 · 브리핑 영업 등의 명칭으로 불리지요.

혹시 이런 생각을 하고 있지는 않으신가요?

'한 명 한 명 만나서 판매하기도 어려운데 한 번에 여러 고객을 상대로 영업을 하라고? 도대체 그게 가능하기나 한 말인가?'

당연히 가능합니다.

모든 영업행위에는 비용이 들어갑니다. 굳이 돈을 들여서 광고를 하지 않더라도 말이지요. 여러분이 차나 대중교통을 이용하지 않고 걸어서 고객을 찾아다니는 것도 일종의 비용이라고 할 수 있습니다.

그룹 세일즈를 하기 위해서는 사람을 모아야 하는데요. 그 전에 먼저 사람들을 모으는 데 얼마의 돈을 투자할 수 있는지 알아봐야 합니다. 지금 제가 보여드리는 표를 보시고 각 단계의 잠재고객 1명당 투자할 수 있는 돈이 얼마나 되는지 헤아려보세요.

[계약 1명]당 나의 평균 수당은 얼마인가?

나는 [계약 1명] 창출을 위하여 몇 명과 미팅을 해야 하는가?

사후 관리를 위하여 지출하는 비용은 [계약 1명]당 얼마인가?

현재 신규 고객 발굴을 위한 노력으로는 무엇이 있으며 비용은 얼마나 드는가?

계약 성사와 관계없이 신규 [미팅 1명]당 평균 수당은 얼마인가?

신규 [미팅 1명]을 하게 되면 어느 만큼 경비가 소요되는가?

투자 결과 기대되는 실질적인 나의 소득은 얼마인가?

[미팅 1명]을 위해서 몇 번의 [콜드 콜]을 해야 하는가?

미팅 확정과 관계없이 [콜드 콜 1명]당 평균 소득은 얼마인가?

신규 [미팅 1명]당 실질적인 소득은 얼마인가?

[콜드 콜 1명]을 하게 되면 어느 만큼 비용이 발생되는가?

[콜드 콜 1명]당 실질적인 소득은 얼마인가?

[콜드 콜] 후 [미팅] 확률이 100%가 될 수 있다면 비용을 얼마나 투자할 수 있는가?

나의 월 소득 목표는 얼마이며 위의 통계에 따른 하루 일과는 어떻게 정해지는가?

[미팅] 후 [계약] 확률이 100%가 될 수 있다면 비용을 얼마나 투자할 수 있는가?

표의 질문에 모두 대답하셨나요? 그럼 여러분이 집행할 수 있는 광고비를 뽑을 수 있을 겁니다. 여기서 말하는 광고비란 텔레비전이나 신문에 광고할 때 드는 비용만 이야기하는 것이 아닙니다. 소개를 유도하기 위해 선물을 샀다면 선물을 사는 데 들어간 돈도 광고비라고 할 수 있고, 사람들을 모으는 데 들어간 돈도 광고비라고 할 수 있습니다.

전략은 여러분이 쓸 수 있는 광고비에 맞춰서 세워야 합니다. 제가 권하는 첫 번째 방법은 사람들이 많은 곳에 가판대를 설치하여 관심을 끌고, 모인 사람들에게 적당한 선물을 나눠주며 제안을 하는 것입니다.

지금 보여드리는 사진은 이화여대에서 간단한 이벤트를 통해 1시간 만에 100명 정도와 만남 약속을 확보했던 사진입니다.

　이런 식으로 만남 약속을 잡고, 지금 보여드리는 사진처럼 사람들이 모여 있는 곳을 찾아가 그룹 세일즈 형태로 1대 다수의 판매를 진행합니다.

　업종에 따라 선물 외에 도움이 되는 강의, 세미나 등을 통해 사람을 모으고 행사가 끝난 후 관심을 보이는 분들에게 사람을 모아 달라고 하거나 그 자리에서 바로 판매를 진행하는 방법도 활용해 볼 수 있습니다.
　지금 보여드리는 사진은 서울여대에서 강의를 마친 후 판매를 진행하는 장면을 촬영한 것입니다.

　공원이나 번화가, 알뜰장이나 오일장 등에 입점하여 부스를 설치해 놓고 고객의 눈과 마음을 끄는 서비스를 제공해서 고객과 대화할 수 있는 시간을 확보하고, 그 후 고객에게 판매를 하거나 또는 판매를 위해 사람들을 모아달라는 부탁을 하는 방법도 있습니다.

　지금 보여드리는 사진은 사람이 많이 지나다니는 곳에서 돈을 받지 않고 네일아트를 서비스하며 그와 함께 화장품 세일즈 상담을 진행해 즉석에서 판매하거나 추후 미팅 일정을 잡았던 사진입니다.

　　지금 보여드리는 사진은 가정의 달을 맞아 '가족사진 만들기' 행사를 열어 고객들의 명단을 모으고, 추후 고객들이 개입할 만한 여러 장치를 통해 보험 상담으로 연결시킨 사진입니다.

　　지금 보여드리는 사진처럼 번화가에서 자릿세를 내고 각종 설명회, 체험 이벤트, 경품 증정 행사 등을 열어 사람들을 모은 후 고객 명단을 확보하고 그룹 세일즈로 연결시킬 수도 있습니다.

앞에서 살펴본 것처럼 잠재고객들의 명단을 확보하고, 몇 가지 세일즈 도구들을 통해 잠재고객들로 하여금 사람들을 모으게 하고, 모인 자리에 가서 그룹 세일즈를 하는 방법 외에도 업종에 따라서는 바로 판매를 하는 방법도 있습니다.

지금 보여드리는 사진처럼 찜질방에서 쉬고 있는 사람들을 모아 판촉물을 나눠주며 판매를 진행하기도 하고

지금 보여드리는 사진처럼 길거리에서 지나가는 사람들을 대상으로 반짝 이벤트를 벌이거나 선물을 나눠주거나 재미있는 마술을 보여주며 즉석에서 판매를 진행하기도 하지요.

　　고객 단계에 따른 투자 금액을 정했다면 그에 맞춰서 서비스나 선물을 준비하십시오. 그 후 업종에 맞는 타깃을 정하고, 타깃층이 많이 모이는 곳에 가서 서비스를 제공하거나 선물을 나눠주면서 세일즈를 하여 매출을 일으키십시오.

성공한 영업인들의 노하우를 배워라

우리는 귀를 활짝 열고 이 대표의 말을 들었다. 우리 모두는 성공한 사람들의 경험담에는, 비슷비슷하게 들려도 실전에 유용하게 써먹을 수 있는 비법이 하나쯤은, 마치 누군가가 땅속에 묻어놓은 보물처럼 숨겨져 있다는 사실을 잘 알고 있었다.

마귀할멈처럼 극성을 부리던 추위도 이제 서서히 물러갈 준비를 하는 것 같다. 오후에는 제법 날이 따뜻하다. 성혜 누나와 놀이공원으로 봄나들이를 가고 싶은 마음이 굴뚝같지만 아직은 놀러가자는 말을 꺼낼 용기가 나지 않는다. 준석 형님과 연인 관계는 아닌 것 같지만 서로에게 아주 관심이 없지만은 않은 듯하다. 그 흔한 삼각관계에 나도 휘말린 것일까. 모임이 끝나면 이 어색한 관계도 끝이 날까. 잘 모르겠다.

나는 2월 12일 오후 2시에 스터디 모임 장소인 토즈 강남점으로 갔다.

"안녕하세요, 준석 형님. 오랜만이에요."

나는 꾸벅 준석 형님에게 인사를 하고 성혜 누나를 쳐다보았다.

기현이의 모습은 보이지 않았다. 아직 오지 않은 모양이었다.

"안녕, 성혜 누나. 누난 갈수록 예뻐지는 것 같아. 대체 비결이 뭐야?"

나는 웃으면서 농담을 던졌다. 성혜 누나가 활짝 웃으며 말을 받았다.

"농담인 거 알지만 기분 좋은데?"

"농담 아니에요. 정말이에요. 그렇죠, 형님?"

"뭐, 그런 것 같네."

준석 형님도 맞장구를 쳐주었다.

"두 사람 오늘 왜 이래? 나한테 뭐 바라는 거 있어? 저녁이야, 술이야?"

"둘다요."

나는 냉큼 대답하고 성혜 누나가 그룹 세일즈를 통해 전혀 생각지도 못했던 매출을 올리는 장면을 보고 놀란 이야기를 준석 형님에게 주절주절 늘어놓았다.

"그 짧은 시간 안에 마사지 기계와 화장품을 600만 원 넘게 팔았다니까요. 저도 기회를 만들어 누나처럼 그룹 세일즈를 해보고 싶어요."

"말이 되는 소릴 해라. 성혜 씨는 업종이 화장품이니까 가능한 거야. 자동차는 안 돼."

준석 형님이 콧방귀를 뀌었다.

"왜죠? 왜 자동차는 안 된다는 거죠?"

"자동차 수십 대를 갖다놓고 그룹 세일즈를 진행할 만한 장소가 어딨어? 사람들도 참석해야 하는데 어디서 하냐고?"

"그거야…."

나는 선뜻 대답을 하지 못했다. 준석 형님이 정확하게 문제점을 지적했다는 생각이 들어서였다. 하지만 고맙기보다는 성혜 누나가 지켜보는 앞에서 나를 면박 주는 준석 형님이 얄미웠다. 야속했다.

그때 마침 김기현이 부스 안으로 들어섰다.

"모두들 제 말 좀 들어보세요. 정말 기가 막힌 아이디어가 떠올랐어요."

기현이 숨을 헐떡이며 말했다.

"뭐야? 늦었으면 그냥 죄송하다고 사과하고 앉아. 괜한 소리 하지 말고."

준석 형님이 따끔하게 일침을 놓았다.

"괜한 소리가 아니에요. 진짜 기막힌 아이디어라니까요."

하지만 기현이는 기죽지 않고 당당하게 대꾸했다.

"애들이 오늘따라 쌍으로 왜 이래? 시간 없어. 3시간 빌렸단 말이야."

준석 형님이 더는 못 참겠다는 듯 짜증을 냈다.

“선배, 이왕 늦은 거 기막힌 아이디어가 뭔지나 들어보고 시작하
죠.”

성혜 누나가 웃으며 기현이 편을 들어주었다. 그러자 준석 형님
도 어쩌지 못하고 슬쩍 꼬리를 내렸다.

“그럼 말해 봐. 대신 짧게.”

“알았어요. 짧게 할게요. 제 생각은… 우리들끼리 하나의 주제를
정해서 공부하는 것도 좋지만 가끔은 성공한 영업인들을 찾아가 인
터뷰를 하면서 그들의 노하우를 들어보면 어떨까요? 줄여서 말하
면 ‘성영인’을 해보자는 거죠.”

“성영인이라. 그거 좋은 생각인데. 난 찬성!”

나는 오른손을 번쩍 치켜들고 말했다. 준석 형님과 성혜 누나도
괜찮다는 판단이 들었는지 고개를 끄덕끄덕했다.

“그런데 누굴 만날지는 정했어?”

준석 형님이 물었다.

“거기까진 아직 진도가….”

“뭐야? 신문이나 방송에서 누군가를 보고 한 생각이 아니었어?”

“그게 말입니다. 강남역에서 내리는 순간 갑자기 떠올랐다니까
요. 마치 운명처럼요.”

“늦어서 미안하니까 핑계거리를 찾다 떠올린 건 아니고?”

“그건 절대 아니라니까요.”

기현이 억울하다는 듯 주먹으로 자신의 가슴을 쳤다.

"알았다. 알았으니까 쇼는 그만해."

준석 형님이 차갑게 말했다.

"우리 심고수 회장님을 찾아가서 부탁해 보면 어떨까?"

순간 성혜 누나의 입에서 나온 맑은 목소리가 모두의 귀를 즐겁게 했다.

"그거 좋은 생각인데요."

나는 서슴없이 대답했다.

"맞아요. 우리의 든든한 후원자 회장님이 있었지."

기현이도 만족하는 얼굴이었다. 준석 형님 역시 성혜 누나의 말에 찬성했다.

"좋아. 그럼 말 나온 김에 회장님한테 전화부터 하고 오늘 스터디 끝나면 가볼까?"

"그래요."

"오케이."

준석 형님은 곧바로 심고수 회장에게 전화를 걸어 약속을 잡았다.

"5시에 잠깐 시간 내실 수 있다고 하니 서둘러 스터디 마치고 이동하자. 모두들 괜찮지?"

"당근이죠."

우리는 준석 형님 말대로 서둘러 공부를 마친 후 전철을 타고 강동구에 있는 한국영업인협회로 이동했다.

"어서들 오세요."

심고수 회장은 늘 그랬던 것처럼 활짝 웃는 얼굴로 우리를 맞이했다.

"오늘도 회장님께 도움을 청하러 왔습니다."

준석 형님이 대표로 나서서 말했다.

"잘 오셨어요. 그래, 무슨 도움이 필요한가요?"

"성공한 영업인들을 찾아가 그들의 노하우를 배워보고 싶은데요. 혹시 저희들에게 추천해 주실 만한 분 계신가요?"

"그거 좋은 아이디어군요."

심고수 회장은 고개를 끄덕이더니 누군가가 떠오른 듯 말했다.

"오늘 멘트의 핵심인 개입질문에 대해서 공부했다고 하셨죠? 그 부분에 대한 노하우를 배울 수 있는 분을 소개시켜드리죠."

심고수 회장이 명함첩에서 명함 하나를 꺼내 준석 형님에게 건네주었다. 나는 목을 길게 빼고 명함을 쳐다보았다. 회사 이름과 함께 '이정우 대표'라는 글자가 눈에 들어왔다.

"수원에서 제법 큰 규모의 영업조직을 갖추고 건강식품인 발효현미버섯을 판매하시는 분이에요. 10년 전에 알게 된 분인데 저에게 영업을 배우셨지만 제가 형님으로 모시고 있지요. 만나보면 아시겠지만 아주 좋으신 분이에요. 제가 다음 강의 마치고 형님에게 전화

를 해놓을 테니 내일쯤 연락해서 약속 잡고 가십시오. 많은 도움이
될 겁니다.”

“고맙습니다, 회장님.”

우리는 입을 모아 외치고 심고수 회장과 인사를 나눈 후 협회를
나왔다.

“저녁 먹을 때가 된 것 같은데 어디 가서 식사 겸 술 한잔 어때요?”

나는 모두를 둘러보며 물었다.

“그래. 오늘은 내가 쏠 테니 한잔해. 다른 분들도 괜찮죠?”

성혜 누나가 말을 받았다.

“그러지 뭐.”

준석 형님이 못 이기는 척 말했다. 그러나 솔직히 속마음은 뛸 듯
이 기뻤으리라는 것을 나는 안다. 반면에 기현이의 반응은 너무나
도 솔직했다.

“야호! 어제 꿈에 돼지가 왔다 갔다 하더니만 완전 땡잡았네. 우
리, 맛있는 거 먹어요.”

기현이는 하늘로 날아오를 것처럼 펄쩍펄쩍 뛰었다. 올해 스물
셋, 강철도 씹어 먹을 나이였다. 가정형편이 좋지 않아 대학에 들어
가자마자 휴학계를 내고 군에 입대한 기현이는 작년에 제대했지만
아직도 복학을 하지 않고 있었다. 제대 후 일정 기간 안에 복학하지
않으면 제적 처리되는 것으로 알고 있는데 차마 기현이에게 그 부

분을 물어볼 수는 없었다. 네일아트 영업으로 1년 안에 세 살 어린 동생과 자신이 대학을 마칠 때까지 필요한 등록금과 용돈을 벌겠다는 것이 기현이의 목표였다. 나이는 어리지만 용기 있고, 기특한 친구였다.

우리는 그날 기현이가 꿈에서 본 돼지고기를 안주로 술을 마시며 마음속에 있는 말들을 꺼냈다. 준석 형님도 보험왕이 되고 싶어하는 이유와 속마음을 솔직히 털어놓았다. 고등학교 다닐 때 껄렁패들과 어울려 주먹질 꽤나 하고 다녔는데 2학년 가을 택시 운전을 하시던 아버지가 갑자기 가드레일을 들이박고 돌아가셨다고 했다.

"누군가가 느닷없이 중앙선을 침범했다거나 하지 않으면 있을 수 없는 일이었지. 아버지는 술은 한 방울도 입에 대지 않으셨거든. 답답할 정도로 근면 성실한 분이셨거든. 그런데 어찌된 일인지 아버지의 일방적인 과실로 처리되어 보상금 한 푼 받지 못했어. 회사에서 퇴직금과 위로금조로 몇 푼 준 게 다였지. 그것도 아버지가 돌아가셨다는 소식을 듣자마자 몸져누우신 어머니 병원비로 다 들어갔고…. 정신이 바짝 들더군. 곧바로 고등학교를 중퇴하고 생활전선에 뛰어들었지. 어머니를 부양할 사람은 오직 나밖에 없었으니까…. 막노동부터 시작해서 쌀 거래처 영업, 술 거래처 영업, 길거리 노점상 등등 안 해 본 일이 없다."

준석 형님은 길게 한숨을 내쉬었다.

"그렇게 열심히 노력한 덕분에 생활은 차츰 나아졌어. 그러자 대학에 들어가야겠다는 생각이 들더군. 그래서 검정고시를 거쳐 모 야간대학 경영과에 입학해 7년 만에 졸업했지. 그리고 시작한 게 보험영업이야. …애들아, 나 성공해야 해. 성공해서 마흔에 홀로 되신 어머님, 잘 모셔야 해."

준석 형님이 울먹이며 말했다. 모두들 숙연한 표정으로 무겁게 고개를 끄덕였다. 이 세상에 사연 없는 사람은 없는 것 같았다. 문득 성혜 누나는 어떤 삶을 살아왔을까, 궁금했다. 하지만 성혜 누나는 과거의 일에 대해서는 한마디도 하지 않았다.

이틀 후 준석 형님이 내게 전화를 걸었다.

"심고수 회장님이 소개해 준 이정우 대표님과 약속 잡았어. 이번 주 일요일밖에 시간이 없다고 하셔서 일요일 오후 3시 이 대표님 사무실에서 만나기로 했는데, 괜찮지?"

"그럼요. 그날 뵐게요."

나는 공손히 말하고 전화를 끊었다. 준석 형님은 성혜 누나에게도 전화를 걸 것이다. 모임의 회장이니까. 부러웠다.

그리고 일요일 오후. 평상시보다 한참 늦게 일어난 나는 아점을 먹자마자 부랴부랴 차를 몰고 수원으로 향했다. 이 대표님 사무실에 도착하니 2시 50분. 약속시간에 늦지 않아 다행이었다.

나는 사무실 문 앞에 서서 노크를 하고 안으로 들어갔다. 성혜 누나와 준석 형님, 기현이는 벌써 와 있었다.

"처음 뵙겠습니다. 최고입니다. 잘 부탁합니다."

나는 명함을 꺼내 이 대표로 보이는 분에게 내밀었다.

"반갑습니다. 이정우입니다."

이 대표도 명함을 꺼내 나에게 건넸다. 우리는 명함을 주고받고 악수를 나누었다.

"이거 막상 여러분들을 보니 부담되네요."

"너무 부담 갖지 마십시오. 저희가 보내드린 질문지 보셨지요?"

준석 형님이 물었다.

"봤습니다. 알고 싶으신 게 많으시더군요."

"이런… 죄송합니다. 저희 딴에는…."

"농담입니다. 미리 질문지를 받아서 나름대로 생각을 정리할 수 있었어요. 어쨌든 여기 서서 이러지 말고 회의실로 들어갑시다."

이정우 대표가 우리를 회의실로 안내하고 직접 커피를 타주었다. 그러고는 우리를 둘러보며 천천히 말문을 열었다.

"한국영업인협회 수강생이라고 하시니 멘토 포지셔닝이라는 용어 들어보셨을 겁니다. 전문가가 되기 위해서선 해야 할 일들이 여러 가지가 있는데…."

우리는 귀를 활짝 열고 이 대표의 말을 들었다. 우리 모두는 성공한 사람들의 경험담에는, 비슷비슷하게 들려도 실전에 유용하게 써 먹을 수 있는 비법이 하나쯤은, 마치 누군가가 땅속에 묻어놓은 보물처럼 숨겨져 있다는 사실을 잘 알고 있었다.

하지만 나는 초조했다. 경험담만 듣고 끝나는 것은 아닌가 싶었던 것이다.

나는 이 대표님이 잠시 쉬었다 하자며 찻잔을 들었을 때 다급히 말했다.

"저기요, 대표님. 심고수 회장님께서 이 대표님에게 질문에 대한 노하우를 꼭 듣고 오라고 하셨습니다."

이 대표가 고개를 들고 나를 쳐다보았다.

"이름이 최고라고 했나요?"

"네."

나는 퉁명스럽게 대답했다.

"성격 참 급하시군. 그렇지 않아도 지금부터 그 얘기를 하려고 했습니다."

이 대표님이 껄껄 웃으면서 말했다.

"고객에게 질문을 하는 것은 영업에 있어 아주 중요한 부분이지요. 특히 개입질문은 질문 중에서 가장 기본이 되는 것이라 할 수 있습니다."

순간 잠시 수그러들었던 모두의 눈빛이 다시 초롱초롱 빛났다.

고객의 발등에 불을 떨어뜨려라

본 강의 노트의 동영상 강의

우리의 주인공 최고가 월천회 모임에 가입한 후부터 회원들과 함께 차근차근 영업비법을 익혀나가고 있군요. 더군다나 새롭게 시작되는 사랑으로 지나간 아픈 사랑을 치유하고 있으니 일석이조라고 할 수 있겠네요.

이번에 최고가 배운 것은 질문입니다. 회원들이 찾아가 만난 이정우 대표는 특히 개입질문을 강조했지요.

그럼 먼저 세일즈 현장에서 사용되는 질문의 종류부터 알아보겠습니다.

시중에 나와 있는 영업 관련 책을 보거나 세미나에 참석해 강의를 들어보면 영업현장에서 활용되는 질문을 그 형태에 따라 개방형 질문, 폐쇄형 질문, 선택 강요형 질문 등으로 다양하게 나누고 있다는 것을 알 수 있습니다.

하지만 이렇게 구분하는 것이 실제로 영업에 도움이 될까요? 물론 개방형 질문, 폐쇄형 질문, 선택강요형 질문이 갖는 기능에 대해서 잘 알고 있으면 매끄럽게 대화를 주도해 나가실 수 있을 겁니다. 그러나 질문을 통해 얻어지는 효과를 극대화시킬 수는 없습니다. 그래서 저는 효과적인 질문, 즉 고객이 참여하고 개입하도록 유도하는 내용의 질문을 개입질문GPS Question이라 이름 지었습니다.

고객과의 첫 만남, 어떻게 시작하는가

고객과의 첫 만남에서 중요한 것은 목적을 이루는 것입니다. 그 목적이란 무엇일까요? 바로 고객의 발등에 불을 떨어뜨리는 개입질문을 던지는 것에 대해 고객의 '동의'를 얻는 것입니다. 칭찬이나 공통의 관심사, 취미, 날씨 등과 관련된 이야기도 대화를 나누는 목적을 명확하게 인식하고 있는 가운데 해야 합니다.

상대와 진지하게 이야기를 주고받는 것은 곧 마음을 열고 대화에 집중하게 만든다는 것을 의미합니다. 이를 위해서 우리는 어떻게 해야 할까요?

먼저 로그인을 해야 합니다. 로그인은 개입질문을 통해 잠재되어 있는 고객의 니즈를 밖으로 끌어내고, 우리에게 몰입하도록 만든 상태에서 본격적으로 제품 PT를 시작하기 위해 하는 것이지요. 이로그인을 효율적으로 하게 되면 그다음 단계로 들어가기가 쉬워집니다. 따라서 효율적인 로그인이란 그다음에 이어지는 개입질문을 해도 좋다는 동의를 사전에 확실하게 받아놓는 것을 말하지요. 이처럼 미리 동의를 받지 않고 개입질문을 던지면 고객은 지루함을 느낄 수 있고, 취조당하는 듯한 느낌을 받을 수도 있습니다.

멘트의 흐름을 원하는 방향으로 이끌어가려면 고객이 최대한 여러분에게 집중하고, 몰입할 수 있도록 만들어야 합니다. 그러기 위해서는 고객 스스로가 여러분이 취급하는 제품이 필요하다는 것을 인지해야 합니다. 따라서 자신의 얘기만 무작정, 하염없이 늘어놓을 것이 아니라 적절한 질문을 통해 고객 스스로 제품이 필요하다는 사실을 깨달을 수 있도록 해야 합니다. 이것이 바로 개입질문입니다.

그럼 이제부터 본격적으로 개입질문에 대해서 알아보겠습니다.

개입질문이란 무엇인가

개입질문은 여러분이 취급하는 제품을 갖고 있지 않을 때 생기는 문제점에 대해 고객 스스로 생각하고, 그것이 큰 문제라는 것을 깨닫도록 유도하는 질문입니다. 여러분의 제품을 구매하면 자신이 지닌 문제점들이 쉽게 해결되고, 그로 인해 긍정적인 결과를 얻을 수 있다는 것을 깊이 느낄 수 있도록 돕는 질문이지요. 이 개입질문을 통해서 고객들의 마음속에 숨어 있던 구매욕구가 슬슬 수면 위로 올라오게 됩니다. 그럼 이제 여러분은 거절예방을 위한 첫걸음을 내디딘 겁니다.

개입질문은 크게 세 가지로 나뉘는데 이를 다시 쪼개면 여섯 가지로 나눌 수 있습니다.

개입질문의 종류

1. Grasping Question

문제 상황을 파악하는 '상황파악' 질문. 배경, 사실 등에 대해 묻는 이 질문을 통해 어떤 부분에서 문제를 끄집어내면 될지 체크하고, 문제점을 밝힐 수 있는 실마리(단서)를 찾는다. 단 고객에 대한 기초적인 정보는 미리 조사해서 알아두는 것이 좋다.

2. Problem Question

- **grasping:** 파악된 상황을 통해 문제점을 캐내고 지적하는 '문제파악' 질문. 즉 불편, 애로사항, 문제, 어려움, 불만 등에 대해 물어 고객의 잠재 니즈가 무엇인지 밝혀내는 질문이다. 이 질문을 통해 고객이 문제점에 대해 언급하도록 함으로써 문제의 해결책을 찾을 수 있다.

- **emphasize:** 파악된 문제를 더욱더 크게 강조하고 확장시키는 '문제강조'

질문. 이 질문을 통해 문제점들이 미치는 악영향에 대해서 스스로 깨닫게 한다. 부정적인 결과, 영향 등에 대해 물어 문제가 심각하다는 것을 알게 함으로써 구매를 정당화시킨다. 문제점이 미치는 영향을 확대, 확장하고, 문제로 인해 발생할 수 있는 결과에 초점을 맞추고, 문제를 다른 잠재적 문제와 연결시킨다.

3. Solution Question

- **grasping:** 문제의 해결책에 대한 니즈, 원하는 형태 등을 파악하는 '해결 파악' 질문. 이 질문을 통해 문제점들을 해결하려는 욕구가 있는지, 원하는 형태의 해결책은 무엇인지 등을 체크한다.

- **emphasize:** 해결책이 제공되었을 때 얼마나 쉽게 문제점이 사라지고, 어떤 긍정적인 결과를 얻을 수 있는지 느끼게 하는 '해결강조' 질문. 이 질문들을 통해 해결책들이 미치는 긍정적인 영향에 대해서 스스로 생각하도록 유도하고, 고객의 입에서 해결책이 좋다는 말이 나오게 한다. 이는 구매를 제안하는 단서가 된다.

- **가치.결정.시도:** 해결책이 어느 정도의 가치가 있으며, 제품 구매 결정권자는 누구이며, 구매를 시도해 볼 생각이 있는지 등에 대해 미리 묻고 체크하는 질문. 거절예방을 위한 체크포인트라고 할 수 있는 이 질문들을 통해 해결책들이 얼마나 가치가 있는지 알게 하고, 고객으로부터 제품 구매 결정권자가 본인이 맞는다는 확답과 괜찮으면 사용해 볼 생각이 있다는 답변을 이끌어낸다.

여러분이 할 일은 이 여섯 가지 개입질문을 통해 고객들이 크게 필요하다고 여기지 않았던 것들에 대해서 다시 생각해 보게 하고, 제품의 필요성을 부각시켜서 현재 긴급하게 필요하다는 사실을 알게 하는 것입니다.

여러분이 보기에는 제품이 꼭 필요한 고객인 것 같아도 대부분의 사람들은 그에 대해서 인식조차 하지 못하고 있습니다.

지금 보여드리는 그림처럼 이미 사용하고 있는 제품이 괜찮다고 여기다가 문제가 있다는 생각이 들고, 그것이 가시화되기 시작하면서 불만과 함께 새로운 제품에 대한 니즈가 생기게 되는 것이죠. 그리고 그 문제들이 더욱 크게 와 닿기 시작하면 제품 구매를 고민해 보게 됩니다.

두 번째나 세 번째처럼 무언가 문제가 있다고 생각한 고객이 불만이나 어려움을 호소하는 단계라면 아직까지는 잠재 니즈의 상태라고 할 수 있습니다. 이때 구매를 권유하면 거절이 나오기 마련입니다. 이 상태에서 계속 개입질문을 던져 고객으로부터 필요와 욕구에 대한 언급이 나왔을 때 제품 PT를 시작해서 당장 바꿔야겠다는 단계, 즉 네 번째인 현재 니즈 상태로 이끌어야 합니다.

여러분이 만나게 되는 고객들은 대부분 이미 사용하고 있는 제품을 무난하게 여기고 있어서 변화할 의지가 거의 없거나 약간의 불만이 있을 뿐 새로운 제품을 구매할 생각까지는 없는 사람들입니다. 즉 '니즈 없음' 혹은 '잠재 니즈' 상태의 고객들이지요. 여러분을 만나자마자 제품을 구매하겠다고 나설 정도의 사람들, 즉 현재 니즈 상태의 고객들이라면 여러분과 상담하기 전에 벌써 제품을 구매하고도 남았을 테니까요.

따라서 성공적인 제품 PT를 하기 위해서는 수면 아래 잠자는 고객의 구매욕구, 니즈를 활활 불태워서 수면 위로 두둥실 떠오르게 만드는, 다시 말해 잠재 니즈를 현재 니즈로 바꿔주는 개입질문이 반드시 필요합니다. 이러한 개입질문을 통해 제품에 대한 설명을 들을 준비가 된 사람들에게 제품 설명을 해야 효과가 있겠지요?

　제품에 대해 설명하고 싶은 마음이 강하겠지만 좀 참았다가 고객의 니즈가 충분히 끓어올랐을 때 하시기 바랍니다. 배가 고프더라도 뜸을 들여서 충분히 익혀야 맛있는 밥을 먹을 수 있는 법이니까요.

　개입질문을 허술하게 하고 넘어가면 제품 PT를 아무리 근사하게 잘했다 해도 거절이 쏟아질 수 있다는 사실을 명심하시고 먼저 뿌리를 튼튼히 내리는 데 집중하십시오. 그래야 건실한 열매를 얻을 수 있습니다.

개입질문 흐름도

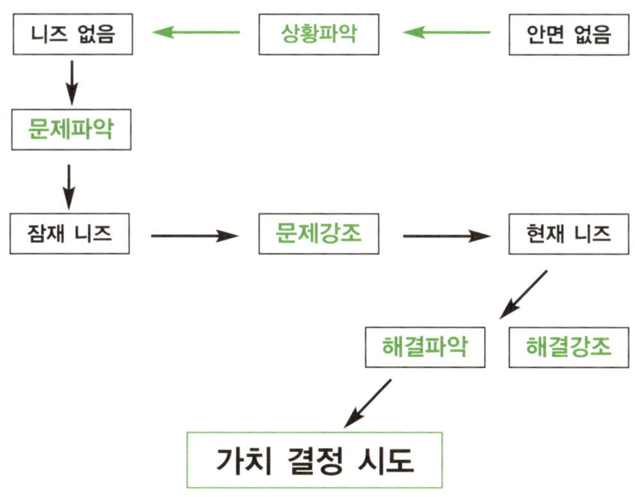

상황파악 질문은 많이 하지 않는다

그럼 이제부터 차근차근 사례를 통해서 개입질문에 대해 알아보도록 하겠습니다.

먼저 상황파악 질문을 할 때는 최소한의 질문을 하는 것이 바람직합니다. 왜냐하면 쓸데없이 길게 할 경우 지루해질 수 있고, 집중력이 떨어져 후반 PT를 효율적으로 할 수 없게 될 수도 있으니까요.

물론 상황파악 질문을 아예 하지 않을 수는 없습니다. 처음 만난 사람에게 어떤 문제점이 있는지 알 수 없기 때문이지요. 또 상황을 파악하고 있다고 해도 곧바로 문제점에 대한 이야기를 하면서 문제파악, 문제강조 질문을 던지면 상대방이 불쾌하게 여길 수 있고, 대화의 흐름이 끊길 수 있습니다.

알기 쉽게 예를 들어 설명해 보겠습니다.

여러분이 음식물 쓰레기를 따로 분리해서 버리지 않아도 되는 음식물 처리기를 판매한다고 가정해 봅시다. 지금 여러분은 음식물 쓰레기를 분리해서 버리는 것이 번거롭고 귀찮게 생각되는 주부님을 만났습니다. 이때 질문을 해도 좋다는 동의를 구하고 나서 던진 첫 질문이 "혹시 음식물 때문에 집안에 기분 나쁜 냄새가 배여 있거나 벌레가 생기지 않으셨나요?"라면 어느 주부님이 반색을 하며 "맞다."고 하겠습니까? 누군가의 소개로 주부님이 음식물 쓰레기 때문에 골치아파한다는 것을 알고 갔다고 하더라도 이왕 하는 말이라면 부드럽게 돌려서 하는 것이 좋습니다. 이렇게 말입니다.

"가족이 몇 분 정도 되세요?"(상황파악)

"아들 하나 딸 둘이니 남편까지 다섯이네요."

"집에서 식사는 자주 하시는 편이세요?"(상황파악)

"네, 아침과 저녁은 대부분 집에서 해결하는 편이에요"

"그러면 장도 자주 보러 다니시고 음식도 많이 해 드시겠네요?"(상황파악)

"네, 그런 편이에요"

"그렇군요. 그래서 음식물 쓰레기가 많이 나오시겠네요."(상황파악)

"어쩔 수 없는 일이죠, 뭐…."

"이런… 음식물 쓰레기 분리해서 내다버리는 것도 일인데, 귀찮지 않으셨어요?"(문제파악)

"음식물 쓰레기 싱크대 한쪽에 모아놓으면 냄새가 나지는 않던가요?"(문제파악)

"혹시 모아두었던 음식물 쓰레기에서 구더기가 나온 적은 없으셨어요?"(문제파악)

이렇듯 상황파악 질문은 문제점에 빠르게 접근하기 위해 던지는 것입니다. 이어서 자연스럽게 문제파악 질문을 던지면 소비자의 심리적 저항을 막을 수 있습니다. 즉 소비자가 여러분의 질문에 거부감을 느끼지 않게 되는 것이죠.

문제점을 발굴해서 강조하고 확장하라

상황파악 질문으로 문제점을 밝힐 수 있는 실마리를 찾았으면 이제 문제점들을 발굴해서 강조하고 확장해 나갈 차례입니다. 처음부터 문제를 파악하는 것이 결례가 된다거나 부담이 되는 경우에는 상황파악 질문을 함께 던지십시오.

문제파악 질문을 던지며 대화를 나누다보면 자연스럽게 고객들이 불만을 토로하게 됩니다. 이때 문제강조 질문을 던지며 대화를 진행하다 보면 서서히 고객이 잠재 니즈 상태에서 현재 니즈 상태로 변하게 되지요.

문제점들을 강조하는 방식으로는 문제 때문에 생기는 손실이 정확한 수치로 와 닿도록 떠오르게 하기, 현재의 부정적인 상황을 정확하게 인지시키기, 그 문제 때문에 생겨나는 다른 문제점에 대해 생각하게 하기 등이 있습니다.

다음은 문제강조 질문으로 주로 쓰이는 표현들입니다.

1. ○○○ 문제 때문에 어떠한 어려움이 있으십니까?

2. 방금 말씀하셨던 □□□은 또 다른 어떤 문제들을 일으키나요?

3. ○○○으로 인해 생겨난 손실을 수치로 환산하면 정확하게 얼마나 됩니까?

　이제 제가 보여드리는 표 안의 내용을 읽으시고 여러분이 이 회사의 영업인이라는 가정하에 문제강조 질문을 만들어보십시오.

> 잠재고객 홍길동은 사업가이다. 홍길동은 현재 10년간 인쇄 공장과 기획을 함께하는 중소기업을 운영하고 있으며 굵직한 거래처들을 위주로 사업을 진행하고 있다.
>
> 그에게 최근 한 가지 고민이 생겼다. 호황일 때 잘나가던 매출이 어느새 반 이상 꺾여버리고 불경기는 도저히 호전될 기미가 보이지 않아 직원들의 사기는 떨어져 있다. 특히 영업부서의 직원들은 슬럼프에 허덕이며 일부는 벌써 퇴직을 한 상태이다.
>
> 연 매출 50억 이상 도움을 주던 절친한 거래처는 수출 감소로 인해 발주량이 10분의 1로 줄어버리고 다른 굵직한 거래처들은 가격 경쟁력이 있는 저렴한 곳으로 옮겨가고 있는 추세이다.
>
> 지인을 통해서 영업하는 것도 한계에 부딪혔다. 솔직히 가격 경쟁력이 떨어지기 때문에 영업사원들도 아는 거래처에 들이미는 것을 상당히 부담스러워 한다.
>
> 품질이 좋고 인쇄와 기획 등에 관한 모든 업무를 한 회사에서 신속하게 할 수 있다는 것이 가장 큰 장점이기는 한데 좀처럼 어필할 수 있는 기회가 오지 않는다.
>
> 제대로 된 고객을 발굴해서 우리 제품을 판매하는 것이 목표인데 어떻게 해야 할지 모르겠다. 기존의 영업방식은 확실히 비효율적이고 문제가 있다. 고치긴 해야 한다.

회사의 상황을 이해하셨나요? 그럼 비효율적인 방식으로 인해 생겨나는 문제점들을 강조해 보세요. 꼭 2단계에 걸쳐서 할 필요는 없습니다. 1단계에서 끝낼 수도 있고, 3~4단계까지 문제점을 강조해 나갈 수도 있습니다. 중간중간 수치를 명확하게 끄집어내는 질문을 던지는 것도 하나의 방법이지요.

여러분이 찾은 문제점은 무엇인가요? 그렇죠. 영업방식이 비효율적이라는 것, 퇴사자가 발생하고 있다는 것 등이지요. 이러한 문제점들을 더욱 강조시키는 질문을 만들어보겠습니다. 여러분도 만들어보십시오.

1. 직원이 한 명 퇴사할 때마다 발생되는 비용은 정확히 얼마인가요?

2. 신규 인력이 들어오면 퇴사한 직원만큼 성장시킬 때까지 얼마의 기간이 걸립니까?

3. 원래대로라면 그 기간 동안에 기존 직원을 통해 벌 수 있었던 회사 수익은 얼마입니까?

4. 신규 인력을 제대로 성장시키기 위해 드는 교육비용은 얼마입니까?

5. 그중에서 도중에 그만두는 직원이 있을 텐데 그 숫자가 확률로 보면 얼마나 되지요?

6. 그러한 변수들이 회사가 정한 목표에 좋지 않은 영향을 주기도 하는가요?

7. 경기가 나쁘고 몇몇 직원들이 퇴사해 분위기가 어수선할 텐데 그것이 영업사원들을 위축시키지는 않습니까?

8. 현재 하고 있는 개척영업 방식은 무작정 방문하거나 전화를 거는 것일 텐데 이것이 영업사원들의 사기에 어떠한 영향을 미치나요?

9. 그로 인해 개척활동이 활발하게 이루어지지 않음으로써 신규 매출이 점점 줄어들 우려는 없는지요?

10. 이 상태가 지속되면 영업효율은 물론 조직관리에도 문제가 있을 것 같습니다만 이를 만회할 영업전략이 있으신지요?

11. 문제점은 확실히 인지를 하고 계신 것 같습니다만 그에 대한 해결책이 없다는 말씀으로 들리는데요. 제가 제대로 이해한 건가요?

12. 이러한 상황들이 앞으로 회사에 어떤 문제들을 일으킬 것 같습니까?

이 질문들은 문제로 인해 발생하는 손실이 얼마나 되는지, 그 수치를 정확하게 따져보게 하고 현실을 직시하게 만들면서 연계된 또 다른 문제점들에 대해 생각하게 만들지요.

이렇듯 문제강조 질문을 던지는 목적은 고객들이 대답하는 과정에서 스스로 별것 아니라고 생각했던 문제들이 실은 그냥 지나치면 안 될 큰 문제였다는 것을 알게 하고, 그 문제점에 대한 해결책에 관심을 갖게 하는 데 있습니다.

해결책의 필요성, 욕구 등을 확인하라

이 문제강조 질문과 연계하여 사용하는 해결파악 질문은 고객이 관심을 갖게 된 해결책에 대해서 니즈를 갖고 있는지 확인하는 질문입니다. 예를 들면 다음과 같은 질문들이지요.

1. 지금 우리 고객님의 상황을 좋게 만드는 해결책이 필요하다고 생각하시나요?

2. 우리 사장님께서 그 문제들을 해결해야 하는 이유가 분명히 있는지요?

3. 그 문제점들을 사라지게 하는 것이 사장님께서 원하시는 게 맞습니까?

이러한 해결파악 질문을 통해 해결책에 대한 니즈가 있음을 확인했다면 이어서 곧바로 해결책을 강조하고 확장하는 작업을 해야 합니다.

해결강조 질문은 고객이 관심을 보이고 있는 해결책들에 대해서 그것들이 얼마나 긍정적인 효과를 낼 수 있는지, 투입비용에 비해 얻게 되는 가치가 얼마나 높은지, 해결책으로 얻게 되는 이득이 정확하게 얼마나 되는지 등등을 생각하게 하는 질문으로 주로 다음과 같은 표현이 사용되지요.

1. 문제점 ㅇㅇㅇ이 말끔하게 해결되면 어떤 점이 가장 좋을까요?

2. 방금 말씀해 주신 *** 외에 어떤 이득이 있겠습니까?

3. ㅇㅇㅇ가 해결된 덕분에 확보된 예산으로 무엇을 할 수 있을까요?

4. 그러한 문제점들이 해결되면 수치상 얼마의 이익이 생기게 됩니까?

　해결강조 질문을 잘 활용하면 문제점을 해결하고자 하는 고객의 마음을 자극할 수 있는 멘트를 만들 수 있을 겁니다.

　이제 해결파악 질문은 이미 했다는 가정하에 문제강조 질문의 예로 들었던 홍길동을 대상으로 해결강조 질문을 만들어보겠습니다.

1. 만약 영업사원들의 의욕을 불태울 수 있다면 실적에 도움이 되시겠습니까?

2. 열정도 열정이지만 영업성공 확률을 지금보다 좀 더 올릴 수 있는 방법이 있다면 영업사원들에게 도움이 될까요?

3. 제대로 된 상담을 하루 1번 하기도 힘든 실정인데 상담의 절대량을 늘리면 영업에 어떻게 도움이 되겠습니까?

4. 하루 3방을 확실하게 할 수 있다면 수익이 몇 %나 올라갈까요?

5. 우리가 먼저 연락하고 방문할 것 없이 고객들이 먼저 알아서 찾아와준다면 구체적으로 영업비용이 얼마나 감소하고, 매출은 어느 정도 향상될 것 같습니까?

6. 직원들이 이직이나 퇴직을 하지 않고 영업매출이 올라간다면 다시 회사를

키우실 수 있겠네요?

7. 이러한 일들이 반 년 안에 이뤄질 수 있다고 한다면 올해 목표를 이루는 데 도움이 되겠습니까?

8. 이렇게 제대로 기초를 닦아놓으시면 목표로 한 기간 내에 상장도 가능하시겠네요?

9. 그 이후에 얻어지는 여러 가지 보상으로 무엇을 가장 먼저 하고 싶으십니까?

10. 그럼 제대로 된 개척방법을 회사에 보급하는 것으로 목표 달성이 가능하다는 것이지요?

이와 같은 해결강조 질문들은 문제점 해결로 인한 긍정적인 결과를 수치로 정확하게 알게 하거나 낙관적인 미래를 기대하게 만들거나 긍정적 결과와 연계된 또 다른 좋은 점들에 대해 생각하게 만듭니다.

이렇듯 해결강조 질문을 던지는 목적은 해결책을 얻는 데 드는 비용이 해결책의 가치에 비해 매우 저렴하다는 것을 고객 스스로 깨

닿게 하고, 구매욕구가 끓어오르게 하는 데 있습니다.

지금 보여드리는 대본은 앞에서 든 예를 풀어 쓴 것입니다. 대본은 해결파악 질문까지 마친 호의적인 상태라는 전제하에 세일즈맨이 고객의 구매의사를 키워내는 해결강조 질문을 던지는 것에서 시작합니다.

세일즈맨 말씀을 들어보니 개척을 잘할 수 있다면 도움이 될 수는 있겠다는 생각이 듭니다만 실제로 개척매출이 점점 오른다면 회사에 득이 될까요?

고객 현재로는 개척매출이 크진 않은데, 잠재적으로 가능성은 있다고 봅니다.

세일즈맨 자~ 그렇다면 초보 영업인들도 성공을 거두었던 사례들이 있는데, 보시겠습니까? 이러한 방법들을 통하여 사장님 직원들의 개척매출이 두 배로 오른다면 도움이 되겠습니까?

고객 회사 수익을 올리는 요소에는 여러 가지가 있는데 현재는 기존 거래처 관리가 큽니다. 개척매출이 꾸준히 일어난다고 하면 도움이 되기는 할 것 같습니다.

세일즈맨 꾸준히 개척을 해서 쌓인 매출 또한 기존 거래처 관리하듯 잘하셔서 계속 오더를 따온다면 장기적으로 얼마나 이득이 되겠습니까?

고객 확실히 그렇게만 된다면 경기 영향을 크게 타지 않고 안정적인 회사 운영이 가능하겠군요.

세일즈맨 그러니까 큰 리스크 없이 회사 수익에 크게 기여할 수 있다는 말씀이시군요. 맞습니까?

고객 말씀해 주신 것처럼 효과가 있다면 가능합니다.

이와 같이 해결강조 질문을 통해 해결책에 대한 가치를 충분히 주지시키고, 고객 스스로 납득할 만한 시간과 단서들을 충분히 주면 거절이 예방되며 곧이어 진행할 제품 PT의 효율을 높일 수 있습니다.

거절예방을 위해 확인해야 할 몇 가지

해결강조 질문까지 마쳤다면 제품 PT를 시작하기 전에 거절예방을 위해 몇 가지를 확인해야 합니다. 해결책에 대한 고객의 욕구가 매우 강렬해진 단계이고 제품 PT에 대한 기대감으로 조바심이 나

가 치

[제작법]
본격적인 멘트에 들어가기 전 해결책의 가치가 얼마나 되는지 구체적으로 수량화시켜 말하게끔 유도한다.

* 예시
정말 그런 게 있다면, 솔직히 가격이 어느 정도나 될까요?
정말로 말처럼 그렇게 된다고만 하면 말이지요.

결 정

[제작법]
멘트를 듣기에 앞서 상대방이 결정하는 것임을 미리 확인받는다.

* 예시
사장님! 정말 그렇다고 하면 혹시 마음에 들어 구매하실 때 이런 것을 갖고 누구한테 의논해야 하고 그런 건 아니잖습니까?

시 도

[제작법]
본격적으로 멘트를 진행하기 전 정말 마음에 들고 좋다고 한다면 선택해 볼 생각이 있다는 의견을 표출하게 한다.

* 예시
솔직히 그렇기만 한다면 당장이라도 한 번 해볼 만하지 않겠습니까?
정말 그렇다면요?

있는 상태이므로 이때를 놓치지 말고 가격대가 얼마나 될 거라 예상하는지, 결정권자는 누구인지, 정말 마음에 든다면 오늘 당장 사용해 볼 생각이 있는지 등을 미리 확인해 보는 것이 좋습니다.

여러분도 아시다시피 자신이 했던 말은 금세 바꾸기가 어렵습니다. 따라서 가치·결정·시도의 3가지 체크포인트를 정확하게 확인하고 제품 PT에 들어가면 거절예방에 많은 도움이 될 것입니다.

특히 가치를 확인할 때 개입질문을 제대로 진행했다면 고객들은 일반적으로 제품의 실제 가격보다 높게 자신이 생각하는 가치를 말합니다. 그런데 만약 고객이 생각하는 가격대가 제품의 실제 가격보다 낮다는 것이 확인된다면 너스레를 떨면서 가격 예상치를 높인 후 동의를 받고 나서 제품 PT를 진행해야 합니다.

예를 들어 고객이 30만 원대의 제품을 10만 원대로 생각하고 있다면 이렇게 말해 보십시오.

"에이, 참 고객님도. 솔직히 이 정도 제품이면 50만 원은 줘야 하는 것 아닙니까? 안 그렇습니까? 그렇죠?"

그런 다음 이에 대한 동의를 받아내고 제품 PT를 진행하십시오.

PART

VII

최고,
드디어
첫 강연회를
열다

코엑스에서 하루에 두 번씩 총 6번 세미나를 진행했죠. 그때 3일 동안 주력 상품인 170만 원짜리 기계를 20% 할인해서 130만 원 받고 50개 정도 팔았고, 20~30만 원짜리 패키지를 100개 넘게 팔았어요.

내일은 심고수 회장을 만나기로 약속한 날이다. 나름대로 많은 준비를 해서 강연회를 열었고, 참석한 사람의 숫자도 50명이 넘었는데 왜 차는 2대밖에 팔리지 않은 것인지, 내일이면 그에 대한 명쾌한 답을 심고수 회장에게 들을 수 있을까.

이정우 대표에게 다녀온 다음 날부터 나는 그동안 배운 내용들을 적극적으로 세일즈에 활용하기 시작했다. 나는 '모르면 차 사고 수리비로 500만 원 날리는, 중고차 딜러들이 바가지 씌우는 7가지 노하우'를 주제로 강연회를 연다는 내용의 전단지를 만들어 사람들에게 나눠주며 신청자를 모집했고, 드디어 5월 22일 토요일에 그룹 세일즈를 했다. 장소는 장안평 중고차매매단지 안, 시간은 오후 2

시였다.

나는 아침 일찍부터 중고차매매단지에 나가 강연 준비를 했다. 고맙게도 단지 입구에서 고객들을 강연 장소로 안내하는 역할은 기현이가 흔쾌히 맡아주었다. 기현이는 네일아트에 뛰어든 지 한 달 정도 지났을 때 그룹 세일즈를 했는데 불과 3일 만에 1억 원어치의 물건을 팔고, 180군데의 거래처를 발굴했다고 한다. 나로서는 상상하기 힘든 엄청난 기록이었다.

"대체 어떻게 한 거야? 사실을 알려줘!"

나는 기현이를 볼 때마다 졸랐다. 하지만 기현이는 좀처럼 입을 열지 않았다. 그래도 내가 물러서지 않고 계속 졸라대니까 어느 날 두 손을 번쩍 치켜들고 말했다.

"내가 형한테 졌어요. 얘기해 줄 테니까 그만 졸라요."

"잠깐만 적을게."

나는 부랴부랴 가방을 열고 메모지를 꺼냈다.

"적든지 말든지. 먼저 원장님들에게 올 여름에 히트 칠 만한 상품들, 연예인들이 앞으로 방송에 하고 나올 상품들을 알려줄 테니 세미나에 참석하라는 내용의 편지를 보냈어요. 모두 700통을 보냈는데 180명이 참석했더군요. 우리 제품 홍보용 DM을 발송했을 때에는 1000통 뿌려봐야 전화 몇 통 오지 않았는데 정말 놀랐어요. 하긴, 형님. 장사하는 데 도움이 될 정보가 분명한데 다른 결과가 나온 것은 당연한 일이겠지요? 어쨌든 신청하신 분들을 대상으로 코엑스에서 하루에 두 번씩 총 6번 세미나를 진행했죠. 그때 3일 동안 주력 상품인 170만 원짜리 기계를 20% 할인해서 130만 원 받고 50개 정도 팔았고, 20~30만 원짜리 패키지를 100개 넘게 팔았어요.”

“대단하다, 너.”

나는 감탄하지 않을 수 없었다.

기현이는 심고수 회장이 현장에서 영업을 뛸 당시 중학생이었다고 했다. 그 어린 나이에 창업을 해보겠다고 심고수 회장을 졸졸 따라다니며 어깨 너머로 영업을 배웠는데 그것이 인연이 되어 스터디 모임에 들어오게 되었고, 지금까지 심 회장에게 1:1 지도를 받고 있다고 했다. 생각과는 달리 영업은 열심히만 한다고 해서 되는 것은 아니었다. 영업도 배워야 했다. 그것도 제대로 배워야 제대로 할 수 있었다.

기현이는 안내자 역할만 맡은 것이 아니었다. 그동안 배워 익힌 각종 멘트 테크닉을 아낌없이 내게 알려주었고, 덕분에 나는 보다 쉽게 전단지를 만들고 강연 내용을 구성할 수 있었다. 참으로 고마운 동생이었다. 강연회 직전 기현이가 특히 강조한 페이싱과 리딩 멘트는 처음 들어보는 생소한 내용이었지만 앞으로 영업하는 데 많은 도움이 될 것 같았다.

나는 12시쯤 기현이와 함께 점심을 먹고 다시 강연 준비를 했다. 준비한 멘트를 수없이 연습하고 또 연습했지만 떨리는 마음을 진정시킬 수 없었다. 사람들 앞에 서서 강연을 하는 것은 이번이 처음이었던 것이다.

내가 과연 잘할 수 있을까? 심고수 회장님도 일부러 시간 내서 오신다고 했는데 적어도 회장님 보는 앞에서 망신은 당하지 말아야 할 것 아닌가!

1시 30분이 지나자 사람들이 하나둘 강연장으로 들어오기 시작했다. 솔직히 기현이에게 내색은 안 했지만 사람들이 오기는 할까 걱정했었는데 다행이었다. 2시까지 모인 고객들은 모두 50명이 넘었다.

심고수 회장은 강연 시작 10분 전에 도착했다. 나는 심고수 회장이 매매단지 안으로 들어오는 것을 보고 그에게 다가갔다.

"어서 오세요, 회장님. 와주셔서 고맙습니다."

나는 공손히 인사를 했다.

"기분은 좀 어때요? 처음이라 긴장되지 않나요?"

심고수 회장이 부드럽게 물었다.

"사실 좀 떨리네요."

나는 솔직히 대답했다.

“너무 긴장하지 말아요. 최고 씨는 잘할 수 있을 거야. 그동안 열심히 배웠잖아. 힘내서 멋지게 해봐요.”

“네. 최선을 다해서 해보겠습니다.”

“그래야지.”

심고수 회장이 기운을 실어주려는 듯 오른손으로 내 어깨를 두드려주었다.

2시가 되자 사람들을 안내하던 기현이가 먼저 강단에 올라가 마이크를 잡고 나를 소개했다.

“오늘 강연을 주최하신 중고차 딜러 최고 씨입니다. 많은 박수로 환영해 주시기 바랍니다.”

나는 크게 심호흡을 하고 천천히 강단으로 올라갔다. 기현이가 마이크를 내게 넘겨주고 파이팅하라는 몸짓을 했다. 나는 기현이에게 고맙다는 눈짓을 보내고 사람들을 둘러보았다.

“안녕하십니까? 방금 소개받은 최고입니다.”

나는 기현이에게 배운 각종 멘트 테크닉을 최대한 활용해서 강연을 이끌어나갔다. 그 때문인지 사람들이 내 말을 집중해서 듣고 있다는 느낌을 받았다.

하지만 강의를 다 듣고 나서 상담 신청을 한 사람은 겨우 2명뿐이었다. 나는 크게 실망하고 말았다.

50명 넘게 참석했는데 고작 2명밖에 잡지 못하다니, 뭐 이런 황당

한 경우가 다 있는가!

심고수 회장은 실망의 기색이 역력한 내 얼굴을 보고 고개를 끄덕이는 것으로 가야겠다는 말을 대신했다. 나도 고개를 끄덕이는 것으로 조심해서 가라는 말을 대신했다. 실적이 예상보다 저조해 심고수 회장을 똑바로 쳐다볼 수 없었다. 민망했고, 부끄러웠다.

나는 강연 장소를 정리하고 기현이와 함께 매매단지를 나왔다.

"어디 가서 술 한잔하시겠어요?"

"술은 무슨. 생각 없어."

"너무 실망하지 마세요, 형. 제가 듣기에 오늘 형의 강의는 전체적으로 괜찮았어요. 마무리 멘트가 다소 아쉽긴 했지만 어디 첫술에 배부를 수 있나요. 좋은 경험했다고 여기세요. 그래도 공친 건 아니잖아요. 하루에 2대나 팔았다고 생각하면 마음이 좀 편해지실 거예요."

"위로해 줘서 고맙지만 이건 아니야. 상담 신청을 한 두 사람도 오래전부터 차를 살 계획을 가지고 있었던 친구들이야. 대체 뭐가 잘못된 거지? 네가 지적한 대로 마무리 멘트에 문제가 있었나?"

나는 기현이를 쳐다보며 물었다. 하지만 기현이는 대답하지 않았다.

"너는 지난주에 그룹 세일즈 했을 때 100% 판매했다며? 너만큼은 아니더라도 적어도 10대는 팔릴 줄 알았거든."

그러자 기현이가 심각한 표정으로 말했다.

"형이 궁금해 하시는 부분은 회장님께서 알려주실 거예요. 그때까지 기다리세요, 형."

"왜 네가 알려주면 안 돼? 나는 지금 당장 알고 싶어."

"실패는 성공의 어머니라는 말이 있잖아요. 오늘의 실패를 곱씹어보세요. 그러고 나서 들어야 약이 돼요. 저 먼저 가볼게요."

기현이는 내가 말릴 틈도 주지 않고 택시를 잡았다.

"오늘 수고 많았어. 고마웠다."

나는 재빨리 기현이 등 뒤에 대고 소리쳤다. 그 말을 하지 않으면 기현이에게 미안해서 견딜 수 없을 것 같았다.

그리고 3일 후 기현이 말대로 심고수 회장이 문자를 보내왔다.

최고 씨. 시간 날 때 협회에 전화해서 약속 잡고 차 한 잔 하러 오세요.

나는 문자를 받자마자 협회에 전화를 걸었다.

"안녕하세요. 한국영업인협회 김서영입니다."

김서영 비서의 목소리는 언제 들어도 맑고 밝았다. 나는 내 이름을 말하고 물었다.

"언제쯤 찾아뵈면 좋을까요?"

"이번 주와 다음 주는 너무 바빠서 주중에는 시간을 내기 어려우실 것 같네요. 다음 주 일요일 오후 3시는 어떠세요?"

"네. 저는 괜찮습니다."

"그럼 6월 13일 오후 3시 30분으로 멘토링 일정을 잡을게요."

"네, 알겠습니다. 그때 뵙겠습니다."

나는 공손히 말하고 전화를 끊었다.

고객 입에서 "YES."라는 말이 나오게 하라

본 강의 노트의 동영상 강의

최고는 자신보다 나이는 어리지만 영업경험은 더 많은 기현이에게 페이싱과 리딩에 대해 배웁니다. 최고로서는 페이싱, 리딩 모두 처음 들어보는 용어지요.

페이싱이란 자명한 진실, 진리, 참, 상대가 믿는 것, 상대가 소망하는 것, 부정할 수 없는 것들입니다(강의 4의 용어 설명 참조). 이러한 내용으로 이루어진 문장 사이에 리딩, 즉 우리가 의도하고자 하는 바, 지시하고자 하는 바, 인식시키고자 하는 바를 교묘하게 끼워넣어 고객으로부터 승낙을 이끌어내는 멘트를 '페이싱과 리딩 세트' 라고 합니다.

이 페이싱, 리딩 멘트들을 포함하여 제가 강의하는 각종 멘트비법들은 신경언어학 프로그래밍과 대화형 최면 등에서 가르치는 내용을 실제 영업현장에서 활용해 본 후에 효과가 좋고 쉽게 익힐 수 있는 것들만을 추려서 정리한 것입니다. 하나하나 차근차근 배우고 실제로 영업에 활용해 보면서 여러분 자신의 것으로 만드시기 바랍니다.

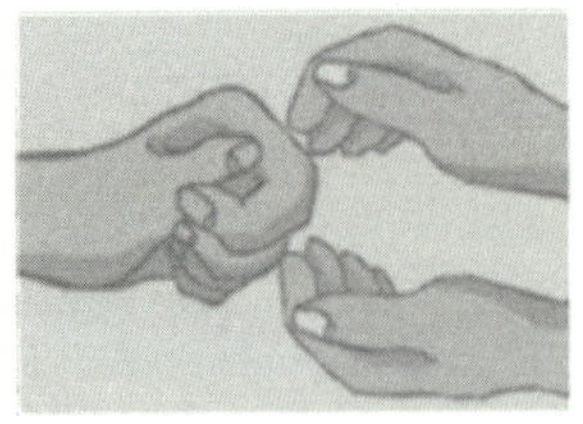

먼저 대학에서 과대표를 선출할 때에 후보가 하는 멘트를 예로 들어보겠습니다. 학년은 1학년입니다.

1. 우리는 캠퍼스 생활이 즐겁기를 바랄 수도 있습니다. (페이싱)

2. 학점도 잘 나왔으면 좋겠다고 생각하는 것을 알고 있습니다. (페이싱)

3. 우리가 원하는 낭만적인 캠퍼스 생활과 (페이싱)

4. (본인을 가리키며) 제대로 된 과대, 준비되어 있는 과대와 함께 (리딩)

5. 풍요롭고 실속 있고 근사한 1학년을 보내고 싶어합니다. (페이싱)

(잠시 침묵)

6. 보다 알차고 멋진 새내기 생활을 하기를 우리는 원하고 있습니다. (페이싱)

7. 우리는 할 수 있습니다. 더욱더 잘할 수 있습니다. (페이싱)

8. 꼭 제가 과대가 되어야 한다, 과대로 뽑아 달라! 그런 것은 아닙니다. (리딩)

9. 우리는 열심히 노력해서 이 대학에 들어왔고, 앞으로의 인생이 더욱 빛나기를 기대하고 있습니다. 그래서 이왕 뽑는 과대, 제대로 뽑아야 한다고 생각합니다. (페이싱)

10. 그렇기 때문에 제가 과대가 되어야 합니다. (리딩)

이번에는 저희 협회 회원 한 분이 서울에 있는 한 여대 학생들을 대상으로 화장품 영업을 하러 갔을 때의 멘트를 예로 들어보겠습니다. 캠퍼스 안에 매대를 설치하고, 지나가는 학생들을 매대로 모아 설문조사를 진행하면서 상담 약속을 잡는 상황입니다.

1. 아~ 안녕하세요? ○○여대 다니시나 봐요? (페이싱)

2. 공강시간인가 봐요. (페이싱)

3. 지금 어디 가시는 길이시죠? (페이싱)

4. (선물을 보여주며) 가시는 길에 제가 드리는 선물 하나 받고 가세요. (리딩)

5. 지금 설문조사를 하고 있는데 참여하시는 분들에게 선물을 드리고 있거든
   요. (페이싱)

6. 이왕 받는 선물 1000원짜리보다는 1만 원짜리가 더 낫잖아요? (페이싱)

7. 그렇게 많이 바쁘신 건 아니시죠? (리딩)

8-1. 잘됐네요. 잠시 시간 나신다니 선물 받으시고 후딱 설문지 작성해 주세요.

8-2. 바쁘시니까 잠시만 오셔서 후딱 설문지 작성해 주시면 되겠네요. 선물
   받으세요.

이번에는 어느 식당 사장님과의 대화를 예로 들어보겠습니다. 상
담 약속이 잡혀서 식당을 방문해 사장님을 만나 물 흐르듯이 자연

스럽게 대화를 이끌어가기 위해 물꼬를 트려고 하는 상황입니다.

1. 아~ 사장님 안녕하세요? 여기가 ***식당 맞지요? (페이싱)

2. 네, 반갑습니다. 연락드렸던 홍길동입니다. ㅇㅇㅇ사장님이신가요? (페이싱)

3. 아이고, 실물로 뵈니 딱 제가 생각했던 모습이시네요. (페이싱)

4. 저 물 한 잔만 주시겠습니까? (리딩)

5. 사업하신 지 꽤 되셨나 봐요. (페이싱)

6. 요즘 경기가 좀 그렇지요? (페이싱)

7. 잠시 여기 앉아서 말씀 나누시지요. (리딩)

8. 사장님, 이왕 장사하시는 거 매출이 좀 오르면 도움이 되지 않겠습니까?
   (페이싱)

9. 그래서 찾아뵈었는데 상담에 들어가기 전에 몇 가지 여쭤봐도 되겠습니
   까? (리딩)

상담을 하러 간 상황이라 '심현수식 멘트비법'의 흐름에 따라서 개입질문에 대한 동의까지 얻는 것을 목표로 초기 로그인 멘트를 만들었습니다. 마지막 리딩에서 질문에 대한 동의를 구하고 있지요.

페이싱과 리딩 세트는 다른 말로 '예스 세트'라고도 합니다. 지금 보여드리는 그림은 작은 예스가 큰 예스로 변하는 공식을 표현한 것입니다.

$$\text{yes} \Rightarrow \text{YES} \Rightarrow \textbf{YES}$$

"Yes." 라는 말을 몇 번 하고 나면 점점 더 "Yes." 라는 말을 하게 되는 경험, 해본 적 있으신가요?

한 번 입장을 표명하고 나면 바꾸기 어려운 것이 사실입니다. 그래서 처음에 작은 동의라도 구했다면 그것이 나중에 큰 허락을 얻어내는 첫걸음이 되기도 하지요. 예스라는 대답을 하지 않더라도 고객이 옳은 말, 맞는 말이라고 생각할 만한 이야기들을 지속적으로 하는 것도 페이싱 리딩 세트의 활용법 중 하나입니다.

지시하고자 하는 것, 의도하고자 하는 것이 있다면 충격을 완화

해 주는 쿠션 역할을 하는 페이싱 멘트를 그 리딩 멘트 앞뒤에 늘어
놓기 바랍니다.

**현재 상태를 긍정하는 서술, 반론 불가의 진술을 활용하여 페이싱을 만들
고, 내가 원하는 대로 고객을 리딩할 수 있도록 멘트를 만들어보세요.**

예) 이곳은 조용하고, 차분하고, 아늑한 느낌이 나네요.

예) 이 지역에서 근무하시죠?

예) 작년부터 저희 서비스 이용하고 계신데요.

예) 성함은 000님 맞으시죠?

예) 지금 갖고 계신 휴대전화 3년 넘게 사용하셨잖아요?

 지금부터 여러분이 현장에서 고객을 만나 사용할 리딩 멘트를 생
각나는 대로 최대한 많이 적어보십시오. 그리고 그 리딩 멘트와 뒤
섞어 사용할 페이싱 멘트를 만들어보십시오.

VIII

내일은
더 큰
성공의 세계로
나아갈 거야

더 큰 문제는 사람들의 반응이 좋지 않자 강매하는 듯한 말을 던졌다는 것입니다. 그럼 고객들은 강요받는다는 느낌과 잘못하면 바가지를 쓸지도 모른다는 불안한 마음이 들어 더 도망가게 됩니다.

2010년 6월 13일 토요일

오늘은 잠이 오지 않을 것 같다. 성혜 누나. 어느새 내 마음속에 들어와 굳건히 자리 잡은 사랑. 그 사랑의 완성을 향한 첫걸음이 시작되었기 때문이다. 더군다나 오늘 심고수 회장에게 클로징까지 배웠다. 따라서 내일의 최고는, 분명 오늘보다 더 나은 최고가 되어 있을 것이다. 누나에게 부끄럽지 않은 남자가 되기 위해서라도 반드시! 그래야만 한다.

성혜 누나에게 전화가 온 것은 오전 10시쯤이었다.

"오늘 스케줄 어떻게 돼? 특별한 약속 있어?"

누나의 맑은 목소리를 듣자 갑자기 가슴이 뛰기 시작했다. 뒤이어 아쉬운 마음이 짙게 일어났고, 답답함마저 밀려들었다.

"네. 3시 반에 심고수 회장님과 멘토링하기로 되어 있어요."

나는 힘없는 목소리로 대답했다.

"잘됐다. 나랑 같이 협회 근처에서 만나 점심 먹고 영화 보지 않을래? 그러고 나서 심고수 회장님에게 같이 가면 되잖아."

누나의 거침없는 말이 막힌 내 속을 시원하게 뚫어주었다.

"저야 좋죠. 몇 시에 어디서 보죠?"

"천호역에서 11시 반에 보면 어떨까?"

"알았어요. 이따 뵐게요."

나는 전화를 끊고 부랴부랴 샤워를 했다. 누나 쪽에서 먼저 만나자고 한 것이었다. 누나도 나를 좋아하고 있는 것이 틀림없었다.

샤워를 마친 나는 욕실을 나와 머리 손질을 하고 오늘을 위해 아껴두었던 옷을 꺼내 입었다. 거울에 비친 내 모습은 제법 근사했다.

최고, 파이팅!

나는 내 자신에게 응원의 메시지를 보내고 집을 나와 전철역으로 갔다. 토요일이어서인지 전철 안에는 사람들이 많지 않았다. 나는 빈자리에 앉아 스마트폰으로 최근에 개봉한 영화들을 살펴보았다.

어디?

천호역에 다다랐을 즈음 누나에게 문자가 왔다.

나는 답장을 보내고 일어서서 출입구 앞으로 다가갔다. 스마트폰에 표시되어 있는 시간은 11시 15분이었다.

누나가 다시 문자를 보냈다. 그렇다면 이미 와 있다는 뜻이었다. 나는 전철이 멈춰 서고, 문이 열리자마자 뛰쳐나가 성혜 누나가 있는 3번 출구로 달려갔다.

"누나."

나는 숨을 헐떡이며 누나 앞에 섰다.

"왜 그래? 무슨 일 있어?"

누나가 거칠게 숨을 몰아쉬는 나를 걱정스러운 표정으로 바라보았다. 흰색 민소매 원피스를 입은 누나의 모습은 눈부시게 아름다웠다. 하지만 원피스 길이가 너무 짧았다.

"아니에요. 내가 늦은 거 아니죠?"

"늦기는. 가자."

누나는 가볍게 내 팔짱을 끼고 걸어갔다. 나는 최면에 걸린 사람처럼 누나에게 끌려갔다. 누나가 나를 데려간 곳을 패밀리레스토랑이었다. 그곳에서 나는 스테이크를, 누나는 파스타를 먹었다.

"인터넷으로 12시 50분에 시작하는 영화를 예매해 뒀어."

식사를 마치자 누나가 후식으로 나온 커피를 마시며 말했다.

"제목이 뭔데요?"

"A-특공대."

순간 나는 픽 하고 새어 나오는 웃음을 막힐 수 없었다.

"왜? 나 액션 영화 좋아해. 넌 싫어?"

"아뇨. 좋아해요. 무척."

"잘됐네. 조금 있으면 영화 시작할 시간이야. 나가자."

우리는 일어서서 영화관으로 갔다. 사실 나는 액션 영화를 그다지 좋아하지 않았다. 하지만 누나가 좋아한다면 기꺼이 함께 볼 수 있었다. 실제로 영화를 보면서 즐거워하는 누나를 보니 나도 기뻤다. 마음에 걸리는 것이 있다면 단 하나, 누나의 짧은 원피스였다. 특히 길거리를 걸을 때는 신경이 더 쓰였다. 영화관을 나와 10분 거리에 있는 한국영업인협회로 가는 동안에도 거리를 오가는 남자들이 쉴 새 없이 누나의 다리를 힐끔거렸다. 불쾌했다. 할 수만 있다면 흰 천 같은 것으로 누나의 다리를 가려주고 싶었다. 누나를 아무도 없는 공간으로 옮겨놓고 싶었다.

누나는 그런 내 속도 모르고 말했다.

"표정이 뚱한 걸 보니 영화가 재미없었나 보네. 미안한데."

“아니에요. 재미있었어요.”

“정말?”

“그렇다니까요.”

나는 서둘러 걸음을 옮겼다. 빨리 영업인협회로 가야 남자들의 시선에서 벗어날 수 있었기 때문이었다.

“어서 오세요. 성혜 씨도 오셨네요.”

영업인협회에 들어서자 김서영 비서가 밝은 얼굴로 우리를 맞이했다.

“네. 회장님이 최고에게 특별 멘토링을 한다기에 질투 나서 따라왔어요. 괜찮죠?”

성혜 누나가 웃으며 농담을 던졌다.

“그럼요. 이리 오세요.”

김서영 비서도 웃으며 우리를 심고수 회장이 있는 방으로 안내했다.

“두 사람이 함께 올 줄은 몰랐는데요.”

심고수 회장도 내가 성혜 누나와 함께 들어오자 뜻밖이라는 듯 말했다.

“우리 같은 스터디 모임 회원이라는 거, 잊으셨나 봐요. 더군다나 저는 최고보다 먼저 회장님에게 교육을 받은 선배라고요.”

성혜 누나가 당당하게 말을 받았다.

“아, 그렇지. 어쨌든 잘 오셨어요. 여기 앉으세요.”

심고수 회장이 뭔가를 눈치 챈 듯 말했다. 나와 누나는 심고수 회장이 권하는 자리에 앉았다. 잠시 후 김 비서가 차를 가져왔고, 우리는 차를 마시며 이런저런 대화를 나누었다. 화제는 당연히 2주 전에 내가 했던 중고차 강연회였다.

"최고 씨. 왜 결과가 좋게 나오지 않았는지 아시겠어요?"

"아니요. 잘 모르겠습니다."

"그렇군요. 제가 최고 씨를 만나자고 한 것도 그래서입니다. 강의는 처음일 텐데 시작부터 끝까지 최고 씨는 당당하게 강의를 이끌어가더군요. 내용도 유익해 모인 사람들이 집중해서 강의를 들었죠. 그 모습을 보고 최고 씨가 강연 연습을 많이 했다는 것을 충분히 알 수 있었습니다. 솔직히 첫 강의치고는 훌륭했어요. 하지만 강의를 마무리하면서 상담 신청을 권유할 때 갑자기 예전의 나쁜 모습이 나오더군요. 뒤통수를 긁적인다거나 말을 웅얼거리는 나쁜 습관 말입니다. 그 이유는 아마도 영업방식이 낯설어서 자신감을 잃어버렸기 때문일 테지요. 그런데 더 큰 문제는 사람들의 반응이 좋지 않자 강매하는 듯한 말을 던졌다는 것입니다. 그럼 고객들은 강요받는다는 느낌과 잘못하면 바가지를 쓸지도 모른다는 불안한 마음이 들어 더 도망가게 됩니다."

심고수 회장은 차분히 문제점을 지적했다. 그러더니 훌쩍 자리에서 일어나 칠판 앞으로 다가갔다.

"정리해 보면 최고 씨가 예상보다 저조한 실적을 올린 것은 클로징을 제대로 하지 못했기 때문이에요. 그래서 오늘은 체계적으로 마무리하는 클로징 방법을 알려드리려 해요."

심 회장은 분필을 들고 칠판에 필기를 해가며 한참을 설명하고 나서 나를 쳐다보았다.

"어때요? 이해가 되시나요."

"네. 알기 쉽게 설명해 주셔서 충분히 이해했습니다."

"다행이군요. 제가 알려드린 방법 잘 활용하셔서 다음 강연회에서는 꼭 좋은 결과 얻으시기 바랍니다."

심고수 회장이 미소를 지으며 다정하게 말했다.

"저녁 같이 먹지 않을래?"

심고수 회장과 김서영 비서와 인사를 나누고 밖으로 나오자 성혜 누나가 물었다.

"아님 술을 할까?"

"전 둘 다 괜찮아요."

대답은 그렇게 했지만 사실은 술을 마시고 싶었다. 그것도 내 집에서. 하지만 차마 그 말을 입 밖에 낼 수는 없었다.

"알았어. 그럼 선택은 내가 할게."

누나는 내 손을 잡고 근처에 있는 퓨전 술집으로 들어갔다. 그곳에서 우리는 모둠고치구이와 해물떡볶이를 안주로 소주를 마셨다. 말은 주로 누나가 했고, 나는 들었다. 누나는 그룹 세일즈를 할 때 있었던 일을 한참 이야기하다 문득 나를 쳐다보았다.

"…별일이지. 나 자꾸 네 생각을 하네."

이윽고 누나가 말했다. 나는 멍하니 누나를 쳐다보았다. 전혀 예상치 못했던 고백이었다. 내 머릿속은 폭탄이 터진 것처럼 어수선해졌다.

지금 술이 취해서 나를 다른 사람으로 착각한 것일까? 아니면 농담을 하고 있는 것일까?

하지만 둘 다 아닌 것 같았다. 누나의 몸가짐은 흐트러짐 없이 단정했고, 표정은 진지했다.

"저도요. 저도 자꾸 누나 생각해요. 처음 봤을 때부터 좋았어요."

나도 솔직히 말했다.

"정말이니?"

누나가 미심쩍다는 듯 물었다.

"그럼요."

"근데 왜 말하지 않았어?"

"준석 형님 때문에요. 형님이 누나를 좋아하잖아요. 설마 형님 마음을 모른다고 하시진 않겠죠?"

"그랬구나. 알아. 준석 선배, 좋은 사람이지. 하지만 내겐 그냥 선배일 뿐이야.”

그러면서 누나는 대학 다닐 때 사귀었던 남자 이야기를 했다. 동아리에서 만난 사람이었는데 2년 선배고, 재벌까지는 아니지만 준재벌쯤은 되는 집안의 아들이라고 했다. 잘사는 집 자식답게 부티가 흐르고 여유 있는 데다 매너도 좋아 여학생들에게 인기가 많았다고 했다. 남자는 동아리에서 누나를 보고 첫눈에 반해 끈질기게 쫓아다니며 결혼하자고 졸랐고, 그 무렵 아버지 사업이 부도가 나는 바람에 갑자기 집안 형편이 어려워진 누나는 마지못해 남자의 청혼을 받아들였다고 했다.

“하지만 결국 선배 어머니의 극심한 반대로 헤어지게 됐지. 진짜 삼류 드라마 아니니? 그래서 졸업하자마자 내 능력을 마음껏 펼칠 수 있는 영업을 시작했지. 돈 많이 벌어서 남자 어머니에게 복수하고 싶었거든. 나 참 웃기지 않니? 그런데 대학 다닐 때 나 정말 남학생들에게 인기가 많았단다. 지금보다 훨씬 예뻤었거든.”

누나가 웃으며 농담을 했다. 그러나 표정은 지극히 어두웠다.

“그런 얼굴 하지 말아요. 싫어요. 나쁜 기억은 이젠 지우세요. 앞으로 좋은 기억 많이 만들어드릴게요. 아니, 좋은 기억만 만들어드릴게요.”

나는 진지하게 말했다. 그러자 누나가 어두운 표정을 지우고 활짝 웃어보였다.

"알았어. 우리 최고가 싫다니 웃어야겠네. 약속대로 좋은 기억만 만들어줘야 해."

누나가 애교 섞인 목소리로 말했다. 귀여웠다.

"당연하죠. 저를 믿고 저랑 있을 땐 항상 그런 표정만 지으셔야 해요. 아셨죠?"

"그럼요. 누구 말씀이라고."

"근데요. 궁금한 게 하나 있어요. 누난 나 어디가 좋아요?"

"글쎄… 정직하고 착해 보여서? 열심히 일하는 모습도 보기 좋고."

"우리 어디서 처음 봤는지 아세요?"

"알지. 내 세미나에 왔었잖아."

"그걸 어떻게…?"

"예비부부들이 오는 자리에 혼자 왔으니 눈에 안 띄는 게 이상하지. 협회에서 다시 만났을 때 깜짝 놀랐고, 인연이 아닌가 싶었어. 너에게 호기심이 생겼고, 그래서 널 모임에 받아들이자고 했지."

"아, 그랬구나."

나는 그제야 내가 월천회에 들어갈 수 있었던 이유를 알았다.

"넌 나 어디가 좋아?"

"다요. 전부 다요. 처음 봤을 때는 너무 예뻐서 나도 모르게 빠져들었고, 강의를 마치고 세일즈를 하실 때는 내가 모르는 세계에 있는 것 같아 존경스러웠어요."

“존경? 듣기 좋은 말이네. 하지만 너는 나보다 더 잘할 거야.”

“정말요? 정말 그렇게 생각하세요?”

“그럼. 난 믿어. 최고, 너를.”

“고마워요, 누나.”

나는 손을 뻗어 성혜 누나의 손을 잡았다. 누나의 손은 따뜻했다.

“그만 일어설까요? 벌써 11시에요. 늦었어요. 바래다드릴게요.”

나는 누나의 손을 잡은 채 일어섰다.

“그래 그만 가자.”

누나도 내 손을 놓지 않은 채 천천히 자리에서 일어났다. 나는 술값을 계산하고 누나와 함께 거리로 나왔다. 누나의 집은 압구정동에 있었다. 나는 지나가는 택시를 잡아 누나를 집까지 바래다주고 집으로 왔다.

누나는 지금 무슨 생각을 하고 있을까. 아마 내 생각을 하고 있지 않을까.

“우리, 어제보다 오늘, 오늘보다 내일, 내일보다 모레 더 열심히 살자. 더 열심히 좋아하면서.”

누나가 택시 안에서 내게 한 말이다. 나는 그 말을 평생 잊을 수 없을 것 같다.

책상 앞에 앉아 일기를 쓰는 것도 참으로 오랜만의 일이다. 지난 번에 쓴 일기를 보니까 날짜가 2010년 6월 13일이다. 그날 성혜 누나의 마음을 알고 얼마나 기뻐했었던가.

메모를 보니 작년 8월 12일에 월천회 회원들과 함께 1박 2일 일정으로 강원도 동강에 다녀온 것으로 되어 있다. 기억난다. MT와 세미나를 겸해서 휴가를 다녀온 것이었다. 낮에는 성혜 누나 주도로 래프팅을 했고, 저녁을 먹은 후에는 짧게 스터디를 마치고 밤늦도록 맥주와 음료수를 마시며 이야기꽃을 피웠다. 준석 형님과 기현이는 물론 성혜 누나에 대해서도 좀 더 깊이 알게 된 뜻 깊은 시간이었다. 마치 우리들이 한 가족이 된 듯한 느낌마저 들었다. 준석 형님과 기현이가 잠 든 후에는 성혜 누나와 몰래 데이트를 했다. 몰래 데이트만큼 짜릿한 것도 없을 것이다.

10월 초에는 준석 형님이 부산 지점으로 자원해서 내려가고, 기현이 호주로 워킹홀리데이를 떠났다. 두 사람이 서울을 떠나면서 월천회는 자연스럽게 해체되었다. 준석 형님은 아마도 나와 성혜 누나의 사이를 눈치 채고 부산행을 택한 것 같다. 기현이야 워낙 다채로운 영업을 경험해 보기 원하니까 호주로 워킹홀리데이를 떠났을 것이고. 한국영업인협회 2대 회장은 아마도 기현이가 되지 않을까.

12월 24일, 크리스마스이브는 당연히 성혜 누나와 함께 보냈다. 나는 이때를 위해 한 달 전에 사둔 커플 반지를 성혜 누나 손가락에 끼워주었다. 그리고 말했다. 사랑해요. 성혜 누나도 내게 말했다. 사랑해. 그러면서 내 입에 입을 맞추었다. 입맞춤은 아주 오랫동안, 끊어지지 않고 길게 이어졌다. 12월 마지막 날도, 새해 첫날도 우리는 함께 보냈다. 나는 시간이 갈수록 우리의 사랑이 단단해지는 것을 느낀다.

작년 5월에 '중고차 바로 알고 구매하기' 강연회를 처음 열었는데 내일이면 벌써 37회째다. 요즈음 자동차 판매뿐만 아니라 외부 강연으로 벌어들이는 수익도 제법 된다. 생각해 보니 기업체 등에서 강연을 하기 시작한 지도 벌써 1년이 넘는다.

얼마 전에 지인으로부터 중고차 딜러들 사이에 나를 모르면 간첩이라는 말이 돌고 있다는 이야기를 들었다. 심고수 회장이 늘 강조하던 멘토 포지셔닝이 바로 이런 것일까?

몇몇 신문에 인터뷰 기사가 실리면서 TV 쪽에서 출연해 달라는 요청을 해왔고, 여러 프로그램에 출연하게 되었다. 역시 매스컴의 영향력은 대단했다. 나를 알아보는 사람들이 빠르게 늘어났고, 인터넷에 들어가 내 이름을 치면 그동안 내가 했던 활동들이 검색되었다. 그래서 나에 대해 믿음이 가는 모양이었다. 덕분에 나는 지금 나에게 차를 차고 싶어하는 사람들과 즐겁게 상담을 하며 매월 50대 이상의 중고차를 팔고 있다.

정직하게 판매하기에 1대를 팔아서 얻는 이윤은 다른 사람들보다 낮지만 그래도 월 평균 1억 원 정도의 수입은 거뜬히 올리고 있다. 월 1000만 원을 벌겠다는 마음가짐으로 월천회을 시작한 것이 불과 2년 전 일인데 이제는 월봉이 1억 원인 것이다.

뿌린 대로 거둔다고 내가 이만큼 성장한 것은 스터디와 세미나, 그리고 심고수 회장과의 1대1 멘토링을 통해 배운 것을 열심히 실행에 옮겼기 때문이 아닌가 한다.

시계를 보니 잠자리에 들 시간이 이미 지났다. 빨리 일기를 마무리하고 침대에 누워 잠을 청해야겠다. 내일 있을 강연회 또한 성공

적으로 일궈낼 것이다. 나는 미래의 자동차 슈퍼 딜러니까! 파이팅,
최고!! 너는 반드시 더 큰 성공의 세계로 나아갈 거야!!!

　일기는 여기서 끝나 있었다. 최고는 일기장을 덮고 눈을 감았다.
평범한 중고차 딜러에서 지금의 위치에 올라오기까지 걸린 시간은
겨우 1년밖에 되지 않았다.
　최고는 스스로에게 물었다.
　1년 후의 나는 어떻게 되어 있을까? 딜러 50명을 거느리고 매달
2000대 이상의 차를 팔고 있지 않을까?
　최고는 다시 일기장을 폈다. 그리고 이렇게 적었다.

　2012년 9월 5일 수요일
　지금 정한 1년 후의 내 목표는 매달 2000대 이상의 자동차를 판매하
는 것이다. 그리고 2년 후에는 세계로 진출하는 것이다.

　거기까지 썼을 때 최고의 스마트폰에 문자가 들어왔다. 성혜 누
나가 보낸 문자였다.

　지금 뭐 해?

최고는 즉시 답장을 보냈다.

그러자 최고의 휴대전화가 부르르 몸을 떨기 시작했다. 전화를 건 사람은 성혜 누나였다.

"많이 피곤하죠?"

최고는 위로하듯 물었다.

"피곤하긴. 대통령님께 조찬 모임 초대받은 기분 어때?"

"좋죠, 뭐."

"오늘 같은 날 함께 있어줘야 하는데. 보고 싶다."

"저도 보고 싶어요, 누나. 근데….."

최고는 부산에 내려간 김에 준석 형님을 만나보고 오라는 말을 하려다 참았다. 준석 형님은 1년 전에 전국 최고의 보험왕으로 우뚝 섰다. 물론 부산에 있다고 해서 보험왕 타이틀을 다른 사람에게 빼앗긴 것은 아니었지만 아무래도 인구가 많은 서울이 보험영업을 하기에 유리한 것만은 사실이었다.

"알아. 무슨 말을 하려는지. 준석 선배 부산 온 거 우리 탓인 것 같아 신경 쓰이지?"

"솔직히 좀 미안해요."

“그래서 오늘 점심때 만났는데 좋아하는 사람 생겼다고 하더라. 그러니 우리 미안한 마음 버리자, 최고야.”

“네. 알았어요.”

최고는 마지못해 대답했다. 준석 형님은 그와 성혜 누나를 위해 거짓말을 한 것이었다. 좋아하는 사람이 생겼다면 최고가 모를 리 없었다. 서로 바빠서 만나지는 못해도 최고는 준석 형님과 보름에 한 번 정도는 통화를 했던 것이다. 그때마다 준석 형님은 이런 말로 통화를 마무리했다.

“성혜 씨한테 잘해. 이상한 소리 내 귀에 들리면 넌 바로 죽음 이야!”

최고는 미안한 마음을 버리려고 화제를 돌렸다.

“누나. 기현이 보고 싶지 않아요?”

“갑자기 기현이는 왜?”

“누나랑 준석 형님, 기현이, 그리고 나. 우리 네 사람 예전처럼 함께 만날 날이 올까요?”

“당연하지. 기현이 돌아오면 우리 셋이 부산에 오자. 그럼 되잖아.”

“그러네요, 누나. 피곤할 텐데 그만 쉬시고 조심해서 올라오세요.”

“그래. 올라가서 전화할게.”

최고는 전화를 끊고 속으로 다짐하듯 말했다.

다음 주에는 반드시 성혜 누나에게 청혼하고 말 거야!

성혜 누나와 결혼한다면 준석 형님, 기현이 모두 축하해 주겠지. 당연히 결혼식에 오겠지. 아니, 아예 두 사람을 우리 결혼식 들러리로 세우면 어떨까. 그 얘기를 성혜 누나에게 해봐야겠다. 누난 아마 싫다고 하진 않을 거야.

최고는 성혜 누나가 신부가 되어 자기 옆에 서 있고, 준석 형님과 기현은 들러리가 되어 자신의 뒤에 서 있는 장면을 머릿속에 그려 보았다. 참으로 기분 좋은 장면이었다.

세일즈 후 구매로 이어지도록 마무리하라

본 강의 노트의 동영상 강의

심고수 회장은 최고가 강연을 하는 모습을 보고 아직 클로징이 많이 부족하다는 것을 압니다. 그래서 최고를 불러 클로징 방법을 알려주죠.

여러분은 어떨지 몰라도 '클로징closing' 이라고 하면 막무가내로 강요하는 듯이 담판을 짓는 멘트라는 인상을 강하게 받는 분이 많습니다. 클로징은 상담을 마친 후 구매를 권고하는 것이므로 고객이 구매를 하던 하지 않던 딱 부러지게 어떤 결과물이 나오도록 하기 위해서는 때로 강권하는 방법을 사용할 수도 있습니다. 하지만 항상 그렇게 해서는 안 됩니다.

클로징이 잘 되지 않고, 결국 강매를 하게 되는 것은 고객이 제품에 대해 충분한 메리트를 느끼지 못했기 때문입니다. 고객이 메리트를 못 느꼈다는 것은 멘트를 들으면서 딴생각을 했다는 얘기가 됩니다. 그것은 곧 개입질문을 제대로 못 던졌다는 말이고, 처음 도입부의 부팅을 제대로 하지 못했다는 말입니다. 그리고 이는 제대로 된 고객을 선별해 내는 개척부터 잘못되었다는 것을 의미합니다.

어떤 경우에서든 제대로 된 방식으로 개척이 되어 잠재고객이 내 앞에 있고, '심현수식 멘트비법'의 순서에 따라 물 흐르듯 자연스럽게 멘트를 진행했다면 절대 거절은 나올 수 없습니다. 고객 스스로 이미 마음속으로 구매결정을 내렸기 때문이지요.

나무에 열매가 안 열린다고 해서 자꾸 가지만 손보지 마시고, 뿌리를 살펴보는 지혜를 갖으시기 바랍니다. 클로징은 구매하지 않으려고 하는 사람을 구매하도록 만드는 과정이 아닙니다. 이미 마음을 먹은 사람들에게 행동을 촉구하는 과정일 뿐입니다.

클로징은 영업의 끝이 아닙니다. 더 나은 매출을 올리기 위한 거래의 시작입니다. 무작정 판매만 하려고 하지 마십시오. 구매욕구가 어느 정도 발전된 사람들에게 부드럽게 제품을 권유하고, 서로 좋은 관계에서 거래를 마무리하면서 추가판매, 재판매, 소개판매를 유도하기 위한 과정이 바로 클로징이라고 생각하십시오.

그럼 어떤 멘트를 사용해서 진행하는 것이 가장 부드러울까요? 지금 보여드리는 도표에 나와 있는 예시는 제가 실제 판매를 할 때 사용했던 멘트입니다.

비 교

[제작법]
터무니없는 비교군을 거론하면서 내가 제시하는 대로 선택하게끔 유도한다.

* 예시
그냥 좋다고 무턱대고 구매하시는 것보다는 한 번 써보고 나서 그때 구매하시는 게 훨씬 낫지 않으세요?

가정 & 분해

[제작법]
유도하려는 지시문의 앞뒤를 가정문 형태로 둘러싸서 은밀하게 설득한다.
앞서 제시한 가정문을 이해하기 쉽게 쪼개어 설명해서 받아들이게 한다.

* 예시
만약 정말 이러한 효과가 있다고 한다면 오늘 선택해도 괜찮잖습니까?
정말 그렇다고 한다면 말이죠?

이후 효과에 대한 근거 자료를 제시하여 공감을 이끌어낸다.

전 제

[제작법]
대화 안에 강력한 전제를 깔아놓음으로써 대화가 어떻게 전개되든 고객이 구매하기로 한 것 같은 분위기를 만들어서 세일즈를 마무리한다.

* 예시
물량이 밀려서 열흘 뒤에나 설치가 가능한데 그렇다고 너무 늦는 건 아니시죠?

격 려

[제작법]
선택을 강하게 전제한 말투로 '이미 선택을 했기 때문에 어떠한 혜택을 누릴 수 있다.'는 형태로 은근히 부추긴다.

* 예시
오늘 좋은 선택을 하셨기 때문에 남편분이 고객님 피부 보고 확 놀라실 거예요.

유도

[제작법]
갑자기 엉뚱한 질문을 던져서 잠시 혼란을 일으켜 제품을 권유하는 것에 대한 동의를 받아낸다.

* 예시
그러면 제가 어떻게 도와드릴까요?
그럼 한번 권해 드려 볼까요?

특전

[제작법]
일정 조건에 부합한 대가로 우연찮게 추가혜택을 받게 되었다는 것을 강조하여 그냥 지나치기에는 아쉬운 기회라는 느낌이 드는 상황을 연출한다.

* 예시
한 달 무료체험 이벤트에 참여하시고 후기까지 성실하게 남겨주셨기 때문에 딱 오늘 구매해 주시면 추가로 20%까지 더 빼드릴 수 있습니다.

보장

[제작법]
즉각적인 선택을 망설이는 상대에게 행동을 촉구하는 특별한 혜택을 준다.

* 예시
고객님! 지금 구매하시고 혹시라도 이곳보다 저렴한 곳이 있으면 차액을 두 배로 보상해 드립니다.
지금 가져가십시오.

한정

[제작법]
시간, 물량, 선택의 폭 등에 대한 언급으로 기회가 얼마 남지 않았음을 강조하여 행동을 촉구한다.

* 예시
고객님, 지금 오늘 들어온 네 벌은 다 나가고 이제 남은 게 딱 한 벌 남았습니다.

다음은 냉난방비 설비 영업사원이 현장에서 활용한 예입니다.

1. 비교

고객님, 솔직히 제 이야기 잘 들어보시니 어떠세요? 이 추운 날 따뜻하게 손님 모시겠다고 난방을 하는데 지금처럼 기름 값으로 돈 100만 원이 우습게 나가는 게 좋겠습니까? 아니면 반에 반도 안 되는 저렴한 가격으로 난방을 하면서 돈을 쭉쭉 아끼시는 게 더 도움이 되시겠습니까?

2. 가정

새는 돈이 없어지고 냉난방비로 올 한 해 1000만 원을 뚝딱! 건질 수 있다면 뭐라도 해봐야 하지 않겠습니까? 정말로 그렇게 손해를 줄일 수 있다면 말입니다!!

3. 분해

냉난방비가 지금껏 그렇게 많이 들었다는 사실은 사장님도 잘 아시죠?
어쩔 수 없이 그 돈을 내오셨잖습니까?
바뀌는 게 없으면 계속 그 비용을 내야 한다는 것도 알고 계시고요?

저희 제품의 원리도 이해는 하셨잖습니까?

저희 제품으로 이득을 보신 분들의 사례도 충분히 공감하시

고요?

어찌 되었든 제 말씀이 도움이 된다는 것은 잘 아시잖아요?

그럼 월 100만 원만 잡아도 1년이면 1000만 원이 넘어가네요?

사장님도 그렇게 판단하시죠?

4. 전제

그런데요 사장님, 난방비가 많이 나가는 겨울이다 보니 당장은 물량이 부족해서요. 지금 생산 중인 설비가 아마 다음 주 화요일 오후에 1차 물량이 완성되어서 1주일 정도는 기다리셔야 설치해 드릴 수 있을 것 같은데, 뭐 그 정도는 기다리실 수 있잖습니까?

5. 격려

네~ 그렇습니다! 1주일 동안만 비싼 돈 내시면 앞으로는 한 달에 100만 원씩 째깍 벌어 가시겠네요! 사모님 모시고 회식도 한 번 거하게 하셔야겠습니다.

6. 유도

어떻게 해야 더 이득을 보실 수 있는지 제가 간단하게 도와드려
볼까요?

7. 특전

지금 물량이 없어서 선택을 하시고도 사장님께서 1주일 동안은
비싼 비용을 지불하셔야 하니까요.
회사에 말씀드려서 특별히 기름 값 좀 지원해 드릴 수 있도록
해보겠습니다. 사장님께서 저를 믿고 바로 해주셔서 감사한 마
음에 저도 신경을 쓰겠습니다! 대신 소개 좀 많이 부탁드리겠습
니다.

8. 보장

제가 장담하건대, 우리 사장님께서 딱 100일 만 써보시고 난방
비가 줄어드는 효과가 없다 하시면 무조건 묻지도 따지지도 않
고 반품해 드립니다. 믿고 쓰시면 됩니다.

9. 한정

신제품 홍보기간이다 보니 이번 주까지만 이러한 파격적인 가
격에 할인 이벤트를 진행하고 마무리가 됩니다. 어차피 내시는

기름 값, 대폭 줄이실 수 있다면 오히려 돈을 벌어 가시는 겁니다. 기회가 왔을 때 하시는 게 훨씬 이득이 되시겠네요.

예를 든 클로징 멘트 1~9번 중에서 1~6번까지는 순서에 맞게 진행을 하면서 클로징을 하시면 되고, 7~9번의 멘트는 상황에 맞게 필요한 경우 사용하시면 됩니다.

다시 강조하지만 클로징은 영업의 끝이 아니라는 것, 더 나은 매출을 올리기 위한 거래의 시작이며, 추가판매, 재판매, 소개판매를 유도하기 위한 과정이라는 것 잊지 마십시오,

이것으로 심현수식 영업비법 강의를 마치겠습니다. 이 책을 읽고 있는 영업인들 모두 각자의 분야에서 최고가 되기를 바랍니다. 이 책의 주인공 최고처럼 말이죠!

오라는 곳은 없지만, 갈 곳은 많다???

아직도 무대포 정신으로 열심히 구둣발 영업을 뛰고 계시나요?

열심히는 하고 있지만 도무지 실적이 오르지 않아 고민이신가요?

(사)한국영업인협회는 어떻게 고객을 발굴할 것인가에서부터 어떻게 클로징을 해내 실적을 올릴 것인가에 이르기까지 영업에 도움이 되는 실질적인 노하우를 가르치고 있습니다.

저희 협회 수강생 중에서 현재 삼성생명 팀장으로 근무하고 계신 분이 있습니다. 몇 달 전부터 KBS 라디오방송과 조선TV에 고정 출연을 하고 있는 그분이 어느 날 저에게 이런 말씀을 하시더군요.

"제가 교육받는 것을 좋아해서 수백만 원짜리 보험교육부터 시작해서 이런저런 교육을 많이 받아봤습니다. 그런데 대부분이 마인드 교육이었죠. 하지만 (사)한국영업인협회에서는 현장에서 바로 써먹을 수 있는 실질적인 노하우들을 가르쳐주더군요. 그래서 큰 도움이 되었습니다."

　일반 영업인들과 비교해 크게 다를 바 없었던 그분이 라디오방송에 나가고, TV 프로그램에 고정 출연하게 된 것, 고객들로부터 한 달에 100건가량 상담 요청을 받게 된 것은 도대체 어떤 이유 때문이었을까요?

　여러분들은 동종업계에서 일하는 수많은 경쟁 영업인과 달라야 합니다.

　그저 발품을 팔며 무작정 돌아다니고, 아는 사람들을 찾아다니며 민폐를 끼치는 영업은 이제 그만두어야 합니다.

　영업성공의 길로 들어서기 위해서는 고객들이 먼저 여러분을 찾아오게 할 수 있는 무언가 특별한 이유를 가지고 있어야만 합니다.

　그것이 바로 제가 『26세, 100억 부자』 1편과 2편을 시리즈로 출간한 이유이기도 합니다.

　『26세, 100억 부자』 시리즈에 담긴 노하우를 십분 활용해 성공의 무기, 즉 고객 스스로 여러분을 찾아오게 하는 특별한 이유, 고객이 나에게 와서 꼭 사야만 할 수밖에 없는 특별한 상담비법을 손에 쥐시기 바랍니다.

저희 협회 교육은 영업에 필요한 다양한 멘트와 기술 등을 가르치는 프로그램으로 운영되고 있습니다. 그 가격이 많게는 5000만 원 이상이고, 적게는 수십 만 원입니다. 그러나 저희 협회에서 교육을 받았다고 해서 반드시 성공하는 것은 아니라는 말을 꼭 해드리고 싶습니다. 무언가를 배워서 실천하지 않고, 연습하지 않고, 혹은 주어진 과제, 숙제 등을 해오지 않는 분들은 당연히 실적의 변화 또한 없지 않겠습니까?

변화에 대한 열정을 갖고, 의지와 각오를 단단히 다진 후에는 행동을 해야 합니다.

마음가짐이 갖추어진 분들은 실질적인 노하우를 체득하고 실행에 옮길 경우 반드시 성공하게 되어 있습니다.

책을 읽으시고 궁금한 점이나 상담할 일이 있거나 도움이 필요하시면 언제든지 저희 협회로 연락 주시기 바랍니다. 여러분의 앞날을 멋지게 열어줄 빛나는 길을 저와 저희 협회가 함께 걸어갔으면 좋겠습니다.

모든 영업인들 파이팅!!!

26세, 100억 부자 · 2

영업왕 최고의 세일즈 일기

초판 1쇄 인쇄 2012년 9월 10일
초판 1쇄 발행 2012년 9월 17일

지은이 심현수
펴낸이 채규선
펴낸곳 세종미디어
디자인 황인준

등록번호 제2012-000134
등록일자 2012.08.02
주소 경기도 고양시 덕양구 백양로 15
전화 031)978-2692 **팩스** 02)335-6650
이메일 sejongph8@daum.net

값 13,500원
ISBN 978-89-94485-09-6 14320
ISBN 978-89-94485-10-2 (세트)